《社会工作案例教程》丛书

丛书主编 尹忠海 陈家琪

QIYE SHEHUIGONGZUO
ANLI JIAOCHENG

企业社会工作
案例教程

洪泸敏 主 编

中国社会出版社
国家一级出版社 · 全国百佳图书出版单位

图书在版编目（CIP）数据

企业社会工作案例教程 / 洪泸敏主编 . -- 北京：中国社会出版社，2023.4
（《社会工作案例教程》丛书 / 尹忠海，陈家琪主编）
ISBN 978-7-5087-6849-6

Ⅰ. ①企 … Ⅱ. ①洪 … Ⅲ. ①企业－社会工作－案例－中国－教材 Ⅳ. ① F279.2

中国国家版本馆 CIP 数据核字（2023）第 002952 号

出 版 人：程　伟　　终 审 人：李新涛
责任编辑：姜婷婷　　封面设计：时　捷
责任校对：李林凤

出版发行：中国社会出版社　　地　　址：北京市西城区二龙路甲 33 号
邮政编码：100032　　编 辑 部：(010)58124853
网　　址：shcbs.mca.gov.cn　　发 行 部：(010)58124864；58124848
经　　销：新华书店

印刷装订：中国电影出版社印刷厂　　开　　本：170 mm×240 mm　1/16
印　　张：12.75　　字　　数：193 千字
版　　次：2023 年 4 月第 1 版　　印　　次：2023 年 4 月第 1 次印刷
定　　价：53.00 元

中国社会出版社微信公众号

中国社会出版社天猫旗舰店

《社会工作案例教程》
丛书编委会

《企业社会工作案例教程》
编 委 会

主　编： 洪泸敏

副主编： 苑晓美　蔡　前　唐　俊

前　言

习近平总书记在党的二十大报告中提出，要“建设现代化产业体系，坚持把发展经济的着力点放在实体经济上，推进新型工业化”，同时还提出要“深入实施人才强国战略”，“坚持尊重劳动、尊重知识、尊重人才、尊重创造”，“完善人才战略布局”。[①] 由此可见，大力发展我国企业，高度重视企业中的劳动者，尊重他们的获得感、幸福感和安全感，发挥其生产力和创造力，这将成为企业发展的应有之义。企业社会工作无疑是实现上述目标的有效手段之一。

企业社会工作早期被西方学者称为工业社会工作（Industrial Social Work），起源于1875年匹兹堡海因兹公司出现的福利秘书的工作内容，后又发展出职业社会工作（Occupational Social Work）、工厂社会工作（Factory Social Work）等概念，这些概念均包含了社会工作运用专业技术为企业及其员工解决问题，关注员工就业以及与工作、生活相关的需要，促进员工职业与福利发展，从而提高企业管理效率的内涵。

早在2008年，我国政府采购的社会工作服务中就包含有企业社会工作的内容。2010年，珠三角在全国率先探索了企业（社会组织）购买社会工作的服务模式；同年，中国社会工作联合会企业社会工作实务基地“落户”深圳。2011年，首届全国企业社会工作建设研讨会定义了我国本土企业社会工作新的内涵，认为企业社会工作是指专业社会工作者运用社会工作的理念与方法，在企业内外开展与员工的生产适应、环境协调、福利保障、职业生涯发展以及劳动关系协调等有关的服务与管理工作，其目的在于保障员工利

---

① 习近平．高举中国特色社会主义伟大旗帜　为全面建设社会主义现代化国家而团结奋斗——在中国共产党第二十次全国代表大会上的报告［M］．北京：人民出版社，2022.

益、提升企业效率、促进企业和员工共同发展。2013年，全国企业社会工作实务发展战略研讨会在深圳召开，从中央层面统筹探索企业社会工作发展问题。[①] 在此会议基础上，民政部办公厅《关于确定首批企业社会工作试点地区和单位的通知》发布，在全国确定了80个企业社会工作试点地区和单位，旨在积累经验、探索模式、扩大影响，为制定和完善企业社会工作发展政策提供实践支撑，为在全国范围内广泛深入开展企业社会工作创造条件。2016年，全国企业社会工作专业委员会首届年会暨中国企业社会工作理论与实务研讨会在北京召开，就中外企业社会工作实践与理论探索、农民工及灵活就业劳动者的社会工作介入与探索等问题进行了多种形式的深入探讨。

近年来，我国社会面临的诸多问题和挑战，如农民工群体权益保障与关爱服务需求、企业白领减压、员工精神关爱需求以及各类劳资纠纷等，亟须企业社会工作进行创新管理和社会治理。2017年，党的十九大提出要完善政府、工会、企业共同参与的方向协商协调机制，构建和谐劳动关系，这为企业社会工作在新时代、新阶段指明了方向，并提供了不可多得的发展契机。同年，全国企业社会工作专业委员会第二届年会暨中国企业社会工作“教学、实务、研究”研讨会在深圳举行，就当今中国企业社会工作发展概况、企业社会责任、农民工困境与充权、农民工生存压力与社会工作介入等焦点议题进行了讨论。2018年，福建厦门举办了“全国企业社会工作专业委员会第三届年会（2018）暨中国企业社会工作服务实务研讨会”，就我国企业社会工作的实务内容、服务模式、方法、服务机构建设、实务工作者的素质提升、学生实习与督导等问题进行了总结分享。可以看出，在政府相关部门的大力支持下，我国企业社会工作取得了长足的发展，未来前景广阔。

在发展态势良好的背景下，企业社会工作吸收前沿理论和日新月异的实务经验，不断探索和总结适应现代企业特点的社会服务模式，提升实务工作的质量，并从实务中发现、提炼新的理论，这对帮助高校解决人才培养过程中理论与实践相结合等问题显得十分重要且必要。本书基于服务高校企业社

① 深圳特区报．第六届深圳社会工作者宣传周活动2013年3月19日启动［EB/OL］．http：//www. swchina. org/ztwz/2014/0313/11874. shtml，2014-3-13/2022-3-23.

会工作人才培养、一线社会工作者提升服务质量等需求，以企业社会工作基础知识和企业社会工作理论为基础，以企业社会工作案例为主体，以实务操作过程呈现为重点，同时兼顾教材或教师用书的一定特点，力图具有一定的理论性和知识性。

本书结合了近年来江西财经大学人文学院社会学系师生开展的一系列企业社会工作，方法既包括个案工作，又包括小组工作；服务以员工服务模式为主；地点既包括江西省内，又包括省外，尤其是东南沿海发达地区；内容涉及员工减压、员工交友、员工归属感构建、员工心理资本提升、员工协助计划、组织凝聚力形成、新员工适应等方面；服务对象有银行员工、IT 企业员工、腕表企业员工、汽车零部件企业员工、造纸企业新员工、房地产企业员工等；员工类型有生产人员、销售人员、研发人员等。服务所依据的理论包括优势视角理论、认知行为理论、理性情绪理论、马斯洛需求层次理论、成就需要理论、社会支持理论、社会网络理论、充权（赋权）理论、人本管理理论、符号互动理论、人际关系理论、场域理论等。

本书是江西财经大学“丹井论丛”《社会工作案例教程》丛书中的一册，该丛书是在江西财经大学人文学院社会工作专业硕士招生十周年，获批社会工作国家级一流专业建设点、江西省一流专业、江西省高校五星级本科专业之际，为提练社会工作学生实习成果，总结社会工作实务经验，丰富社会工作教师教学资源而编写的。本书分为理论篇和实务案例篇两大部分。理论篇主要介绍企业社会工作的含义与特征、企业社会工作的历史发展进程、企业社会工作常用理论及模式、企业社会工作的服务目标及领域、我国企业社会工作的最新进展；实务案例篇收集了 9 个企业社会工作实务案例，每个案例由案例背景、需求评估、服务计划、实施过程、总结评估、专业反思和督导点评等内容构成，兼具理论思考和实务指导的双重价值。本书可以为企业社会工作研究和教学、企业社会工作实务工作的开展以及企业相关部门的管理提供参考和借鉴。

本书是江西财经大学社会工作硕士（Master of Social Work，MSW）教育中心师生共同努力的集体成果，旨在通过案例教程编辑工作，总结本学位点办学十余年来的专业实习成果，并通过对实务成果的加工提炼，发现原有实务教学的不足，为后续教学和实践提供可资借鉴的经验，助力专业实务教学质量进一步提升，进而更好地培养应用型高端社会工作专业人才。本书由主编洪泸敏负责全书统稿、编辑和校对工作，各章节参编和供稿人员的具体分工情况如下：前言由洪泸敏撰写。理论篇由苑晓美、洪泸敏老师负责编辑，马泽华、冒焱鑫、孙凡、杨梅、董权等同学负责前期资料搜集、整理和初稿撰写。实务案例篇分别由洪泸敏老师（案例一、案例五、案例六、案例七）、唐俊老师（案例二）、蔡前老师（案例三、案例四）、苑晓美老师（案例八、案例九）负责编辑、校对。后记由唐俊老师撰写。杨平平、钟明文、孟然、邹佳琦、李晨、罗苑琪、柴森、官文育、余志群等社会工作专业硕士研究生负责实务活动的执行、案例材料的供稿工作，邹勇文、唐俊、唐斌、洪泸敏、袁冬华、吴时辉、张雪黎、苑晓美老师指导了案例的执行和撰写。张晨雨、刘晓宇、胡晓曼同学负责了部分案例材料的整理和校对工作。感谢所有同人的共同努力和各位同学的辛苦付出。

本书能够得以面世，首先，要感谢江西财经大学人文学院领导的大力支持和学院的慷慨资助，在蒋国河、杨尚勇、尹忠海等院领导的督促和鼓励下，在充足的出版经费保障下，我们才有了坚持到底的勇气和决心。其次，要感谢所有供稿学生的大力支持和无私奉献，感谢指导老师们的督导，学生的前期投入和老师的指导是服务得以顺利开展并取得显著效果的保障，而这些都为本书打下了坚实的基础。最后，要感谢苑晓美、蔡前、唐俊老师的积极参与，他们的辛苦付出是本书完成的重要条件。

由于学生实习时间有限，实务能力与水平还需提升，加上实践教学中各种因素的制约，本书的不足之处在所难免，需要在将来进一步加以补充和完善，诚恳地希望社会工作理论界与实务界的各位专家、学者、教师、督导以及一线社会工作者等不吝赐教，批评指正。

洪泸敏

2022年10月

目录

CONTENTS

理论篇

实务案例篇

理论篇

企业社会工作概述

一、企业社会工作的含义与特征

（一）企业社会工作的含义

企业社会工作是指社会工作者运用社会工作的专业理念与方法，以工业、农业、商业及其他行业的企业单位及其员工作为服务对象，于企业内外开展与员工的工作岗位适应、职业福利保障、劳动环境协调、劳动关系协调、职业生涯发展等有关的服务与管理工作。其重心在于解决企业内部问题，即由社会工作者秉持以人为本的理念，运用社会工作干预方法向企业法人及其员工提供科学的助人自助服务。其目的在于保障员工利益，预防和解决企业员工在工作中遇到的困境[24]。

（二）企业社会工作的特征

为员工争取职业福利是企业社会工作的核心内容。具体而言，为了提高员工的工作生活质量与职业福利，企业社会工作密切关注员工的就业机会和择业机会、薪酬待遇、权益保障、劳动条件、职业安全与健康、职业培训，以及心理及社会需要是否获得满足[20]，帮助员工在企业正常运行情况下谋求自身合理应得的职业福利。

监督企业是否落实涉及员工权益的法律法规是企业社会工作的重要手段。国家相关的法律法规就员工的各类保险、现金补助、实物福利项目与服务、劳动保护与职业安全卫生经费、培训与教育经费、工会活动经费等均作出了具体明确的规定。企业社会工作者需监督企业是否将相关规定具体贯彻落实到位，以防止权力滥用、腐败等问题的出现，且有利于企业减轻工作负担，减少工作失误；提高工作效率，提升办事水平，保证相关工作顺利进行，促进企业和谐健康发展。

围绕企业特色提供社会服务是企业社会工作的重要任务。面向不同规模、不同发展阶段、不同外部环境、不同组织发展战略和文化氛围的企业，开展社会工作具有很大的差异性。企业社会工作要立足企业本身特点，考虑企业所处的当地环境，结合企业自身战略定位，制订相应的项目计划。不同企业文化熏陶下的企业员工的精神面貌和工作状态也是不同的，适合他们的方法自然也不应相同。因人而异，明确服务对象具体需求，有利于企业社会工作者制订个别化的服务方案，切实解决员工自身存在的问题。

公益性与公共性是企业社会工作的核心属性。企业社会工作者理应秉持公益的信念，遵从社会工作的宗旨、理念和价值观，彰显企业社会责任，认真负责地为企业和员工服务，要避免企业社会工作沦为企业追求经济利益的管理手段和管理方法之一。在保证公益性的同时，要努力实现政府、企业、员工等利益相关方的共赢。企业的发展、员工的成长均是社会稳定的必要条件。只有政府、企业和社会达成共识，普遍认同企业社会工作，那么企业社会工作服务才能得到有效拓展和不断深入。

二、企业社会工作的历史发展进程

随着工业革命的开展、工人运动的进行、社会福利制度的建立和发展，企业社会工作最早出现并基本成熟于英美等西方发达国家[12]。20 世纪 70 年代前后，受西方发达国家经验的启发，我国港台地区引入了企业社会工作，并为大陆企业社会工作的发展提供了良好的示范和指导。

（一）国外企业社会工作的发展历程

以企业社会工作最为发达的美国为例，在该国的工业化进程中，企业追求经济利益与员工要求职业福利并存，企业由被动接受社会工作转变为主动开拓社会服务，其间经历了早期酝酿阶段、职业戒酒方案阶段、员工协助方案阶段和员工增强方案阶段。

早期酝酿阶段。19世纪末期，由于企业规模急速扩大，员工人数增长过快，且劳资之间的矛盾激化，再加上大量妇女进入企业工作，为了安抚工人，消除工人不满，美国企业界发生了一场社会福利运动。这场运动孕育出了一种新的企业管理岗位——福利秘书，即早期的社会工作者，主要为员工提供辅导、咨询、治疗等服务，但其主要的工作职责本质上还是以服务企业、消除员工不满、维护企业利益为主。后因泰勒制的出现，使得企业更加关注生产过程，而不是员工需要；同时由于工人运动逐渐深入，工会规模逐渐发展壮大，企业也实行了产业结构调整，劳动密集型企业数量减少，在上述诸多因素的共同作用下，福利秘书职位逐渐消失。

职业戒酒方案阶段。20世纪30至40年代，人们发现工人酗酒的问题十分严重，并直接导致了工人出勤率降低、工作效率低下、生产力下降等严重后果，所以，工厂不得不开始重视工人酗酒问题，并聘请社会工作者来参与解决。1935年，美国推出了第一个“职业戒酒方案”，且随着第二次世界大战的来临，该方案得到了扩大和发展。到了20世纪40年代，该方案渐渐被企业所认可，且进一步被普及，员工的精神和心理困扰得到关注和一定程度的解决。之后，部分高校开始协助企业开展社会服务。可以说，“职业戒酒方案”是社会工作介入企业领域的重要尝试，从新的角度帮助企业管理者解决员工问题，但其本质上还是以企业自身利益为主，员工需求为次，因此企业社会工作仍然没有得到系统化发展。

员工协助方案阶段。第二次世界大战时期，很多企业为战争提供了服务，其员工被迫与家人分离，政府为解决其情感、家庭和婚姻等问题，找到一批社会工作者对之进行相关辅导，并逐渐形成企业社会工作的主要方法，即“员工协助方案”。“员工协助方案”的产生标志着美国企业社会工作进入了全面发展阶段。到20世纪60年代，药物滥用、婚姻危机等问题层出不穷，使得原本的“职业戒酒方案”更多地转向“员工协助方案”。1964年，哥伦比亚大学成立了工业社会福利中心，企业社会工作研究与实务得到长足的发展。1970年，美国政府成立了联邦酗酒研究机构和劳工与管理者酗酒咨询机构，两年后改名为员工协助专业协会，并开始实行认证与考核制度，标志着企业社会工作进入了职业化阶段。员工协助方案分为几种不同的服务模式：一种是公司模式（Company programs）或厂内模式（In-house programs），一种是契约模式（Contracted programs）或外部模式（External programs），还有一种是工会模式（Social Work Service in Labor Union）[11]。“员工协助方案”展示了企业理念的转换，对人的假设由“经济人”转变为“社会人”，关注到不同层面员工的需求，企业社会工作服务内容更加丰富和深化。

员工增强方案阶段。在全球竞争加剧的背景下，企业的逐利目的使得员工与组织的关系紧张。企业社会责任理念的提出，员工个人需求的不断提升，均促使社会工作者必须为员工提供全面的健康与人文关怀，为了避免企业过度逐利而对员工、社区甚至消费者的福祉造成挤压，有必要从法律和伦理的层面规范企业的行为，由此，“员工协助方案”转变为“员工增强方案”，且成为企业社会工作的新主流。到1991年，企业社会工作者面向全美约45%的全职工作者开展过专业服务。到1993年，“员工增强方案”覆盖了全美约30万家企业。到目前为止，全美60%的拥有100位员工以上的企业都接受了“员工增强方案”。

（二）我国企业社会工作发展历程

1. 香港地区企业社会工作的发展

香港地区的企业社会工作主要源于劳工福利服务，早在20世纪20年代，中华基督教会与基督教女青年会就为当时的劳工阶层提供了住宿服务和个人成长训练。但真正的企业社会工作则是在60年代末发展起来的，具体而言，可分为工业社会工作、工厂社会工作、雇员辅导服务3个阶段[4]。

工业社会工作时期。20世纪60年代末至80年代初，香港企业社会工作出现萌芽并得到逐步发展。最早由部分社会服务机构和劳工组织尝试为工人提供专业服务，帮助他们解决各种个人及群体问题。到20世纪70年代，更多的民间社会服务机构跻身为工人提供服务的行列，扩大了服务的对象和范围，增加了服务的内容，如提供劳工相关法律咨询、倡导劳工教育、维护劳动权益以及举行改变劳工政策的工人运动等。同时，还开展了工人的公民教育，以巩固和提高工人的社会地位。工人服务被囊括进既有的社会服务体系之中，在社区服务中心为有需要的工人提供服务活动，成为主要的活动形式。

工厂社会工作时期。20 世纪 80 年代后，香港企业社会服务得到进一步拓展。社区服务中心不再是主要的活动载体，社会工作者开始尝试进入工厂，与企业合作推行相关服务，不但拓展了服务范围，还对服务对象的工作环境及企业管理模式有了更为全面的认识，一定程度上提高了专业服务的策略选择和有效性。

雇员辅导服务时期。20 世纪 90 年代初至今，香港企业社会工作不断崛起。为了适应急剧变化的社会形势，企业社会工作不断在服务内容和方法上推陈出新。雇员辅导服务逐渐走向成熟且为大众所接受，不再满足于以往的工厂领域，而是进入银行、酒店以及公共事业机构等更多的组织，提倡人性化管理，以提升各行业员工的工作和生活品质。通常社会工作者会根据各组织的特点和需求，进行服务计划的设计和实务运作，而接受服务的组织则提供活动运作资金，用以支付活动费用、行政费用和社会工作者的工资。

2. 台湾地区企业社会工作的发展

20 世纪 60 年代以后，台湾地区的企业社会工作开始逐步发展。半个多世纪以来，为回应社会变迁产生的复杂需求，台湾企业社会工作的服务内容和方式不断丰富[17]，并呈现出多元化的趋势，先后经历了民间回应期、政府推动期及整合服务期[13]。

民间回应期。始于 20 世纪 60 年代中期，终于 70 年代末。台湾企业社会工作最初发源于底层社会，企业和民间社会服务机构开始关注员工的需求，协助其解决工作或生活上的问题。当时，部分在台湾的美国企业援引了美国企业社会工作的做法，设立企业社会服务机构并引入了社会工作人员；一些宗教团体也建立了各种满足员工生理、心理和文化需求的团体；同时，一批留学生也将蓬勃发展的美国企业社会工作的理念和方法引入台湾[2]。

政府推动期。20 世纪 70 年代末以后，政府部门积极参与，推出了一系列相关政策，如 1980 年的“加强劳工福利重点措施”、1981 年“加强工厂青年服务要点”和“厂矿劳工辅导人员设置要点”、1982 年的“劳工辅导人员训练标准”、1988年的“现阶段劳工政策纲要第一期执行方案”等。其中，根据“劳工辅导人员训练标准”大力推广劳工辅导人员培训体系，为劳工辅导人员开展个案、小组与社区三大方法培训，劳工政策与社会福利等内容的培训，以及心理测验与咨询等技巧培训。在政府的强力推动下，其他社会力量也积极参与，如20世纪90年代中期以前，台湾的宗教团体也积极推动了企业社会工作的实务和组织发展。而台湾社会工作教育界也在教材编订、人才培养和学术研究等方面不断努力，推动了当地企业社会工作的发展。[13]

整合服务期。1994年，为跟上社会经济迅速发展的步伐，满足新的劳工服务需求，台湾地区行政管理机构将过去所推广的“劳工辅导”改名为“员工协助方案”，工作重点由原先的劳工个人心理动力扩展到其生活、家庭与社会适应，从而构建了整合型的服务模式。企业配合劳工委员会，发展出涵盖人力资源管理、劳资关系、员工心理辅导及员工协助方案的服务系统。与此同时，学术界的相关研究也产出颇丰，促进了本土企业社会工作知识的形成与积累。总之，该阶段的台湾企业社会工作的视角从解决问题转为预防问题为主，服务内容也从狭义的劳工福利转为对整体需求的关注。

3. 内地企业社会工作发展历程

我国内地企业社会工作的发展过程与经济体制改革、企业福利制度演变紧密相关。具体而言，可分为计划经济时期、社会转型期等不同阶段。

计划经济时期。中华人民共和国成立以后至改革开放前，我国以单位福利制为核心，国家依托单位对员工提供了家长式的全方位照顾和服务，以终身就业、平均主义、福利全包[6] 等形式保证了社会成员的资源分配公平，满足了单位职工的基本需要，使成员间的关系呈现和谐状态，但也存在一些局限，如不能兼顾员工个体差异，整体福利水平较低，单位内外与不同单位之间缺乏普适性等。在这一特殊的历史背景下，工会承担了实质上的企业社会工作的功能。工会代表着企业，向职工群体提供生产安全、女工特殊保护、社会保障、休闲娱乐等方面的福利服务。但同时工会还带有行政化的色彩，且必须依附于企业，工作方式方法有待专业化。

社会转型期。改革开放以后，企业转制带来了一系列新的问题，如员工的合法权益得不到有效保障，合理要求得不到应有的满足，心理和情绪问题日益突出，流失率较高，农民工及其子女的社会保障、文化教育、社会融入、心理健康等问题频发。这些新问题的出现促使企业社会工作在社会工作教育界和政府的推动下，发展出厂内模式、社区模式、项目嵌入模式等多种实务模式，并逐步为社会公众所认识且呈现出专业化发展的势头。

三、企业社会工作常用理论及模式

（一）企业社会工作常用理论

1. 优势视角理论

优势视角理论是社会工作领域较为常见的理论之一，是美国查尔斯·拉普教授及其团队（1982）在对慢性精神病患者的介入过程中提出的，指社会工作者应当立足于发现、寻求、探索及利用服务对象的优势和资源，协助服务对象实现人生的目标，并克服生命中的挫折和不幸，抗拒社会主流的控制。1989年，美国社会学家维希在《社会工作实践的优势视角》一书中也提到了优势视角理论。Saleebey（2004）在《优势视角——社会工作实践的新模式》一书中对优势视角进行了提升和完善，优势视角理论趋向成熟。该理论着眼于个人的优势，以利用和开发人的潜能为出发点，核心观点是社会工作者应提升服务对象改变自己生活的内在能力，通过给予服务对象动力，让他们充满希望，使其在完成目标的过程中寻找到解决问题的途径，不断增强权能，最终克服障碍，成就新的自我[19][5][14]。

该理论重视人类精神的内在智慧，认为任何人，包括最可怜的、被社会遗弃的人都具有内在的转变能力。从优势视角出发，面向企业，社会工作者需全面了解所服务企业的公司性质、运营架构、人才构成、福利体系等信息，充分认识企业目前及潜在的行业优势、人才优势、职能优势等，以此为企业发展提供动力；面向员工，社会工作者要调节好员工之间、员工与企业之间的关系，并在此基础上发现员工身上显现或潜在的闪光点，运用专业知识及技巧将其作用最大化。

2. 马斯洛需求层次理论

早在1943年，美国心理学家亚伯拉罕·马斯洛在《人类动机理论》一书中提出了需求层次理论。他对人的需求进行了深入研究，并把这些需求由低到高分为5种，即生理需求、安全需求、社交需求、尊重需求和自我实现需求等。其中，最基本的需求是生理需求，它是所有需求的基础和前提；安全需求也属于较低层次的需求。社交需求是对友情、爱情、亲情以及隶属关系的需求。尊重需求既包括对成就或自我价值的个人感觉，也包括他人对自己的认可与尊重，即自尊和受人尊敬，会使人有社会存在感和社会价值，变得自信且有力量。最高层次的需求是自我实现需求，即发挥个人最大潜能，实现理想抱负，达到自我实现[8]。

在企业社会工作中，企业社会工作者需要充分考虑企业与员工的各类合理需求，考虑员工的生理需求，为其提供合理的薪酬与福利；考虑安全需求，使员工免受失业恐惧，企业能够提供安全生产的环境；考虑社交需求，在企业营造和谐融洽的气氛，让员工乐于在此工作，能够感受到归属感和爱；考虑尊重需求，引导员工在工作中获得成长与进步，取得职业成就感，倡导企业对员工价值的肯定与认可；考虑自我实现需求，帮助员工找到工作的兴趣和动力，进行职业规划，使其更好地达成职业目标。

3. 社会支持理论

关于社会支持的研究可追溯到法国社会学家迪尔凯姆，他在研究人口健康问题时，将社会因素纳入其中进行考量，发现遭受社会排斥或社会融合度低的个体容易出现身心健康问题，且容易发生自杀行为。20世纪70年代，社会支持理论被正式引入精神病学中[9]。社会支持实质上就是通过组织化或非组织化的社会网络，使社会成员在有效的互动中得到物质、情感以及其他工具性的支持，其物质与精神需要获得满足，归属感得以提升，社会整合的能力得以增强[10]。

企业实质上是一个组织，而其中存在着复杂的社会网络。员工在企业中能够获得金钱、情感、友谊等各种资源支持，从而维持日常生活运行，并解决遇到的问题和危机[9]。社会工作者需要充分利用企业的社会支持网络，为员工谋取与拓展无形和有形的社会支持，为员工和企业谋取最大效益。

4. 充权理论

充权（Empowerment），也称为增权、赋权，是20世纪90年代兴起于欧美的最重要的社会工作理论之一。该理论最早运用于解决种族问题，之后扩展到面向所有弱势群体，强调充实该群体及其中的个人所拥有的、能维护其权益的社会适应能力、人际交往能力、自我实现的能力与影响他人的能力等。对于弱势群体而言，由于政治、社会、经济、文化等条件的限制，这些能力原本就发育不充分，再加上歧视性的剥夺，就更加不足，必须借助外力加以援助和充实。

通常在企业中，员工尤其是生产线上从事体力劳动的工人是易受伤害的弱势群体，他们面临的生存压力显而易见，常常会产生自卑、焦虑、沮丧、无奈等各种负面心理。为其充权即是帮助其克服“直接性权力障碍”和“习得性无助”，使其感受到自我与群体的力量，激发内在的动力与能力，改善社会关系，公平参与社会资源分配，提升自我效能感。

5. 人本管理理论

人本管理，指的是在企业中，人是一切管理的出发点和归宿，是管理的首要核心与根本。这就意味着，企业一切经营管理实践活动都要围绕激发员工的积极性、主动性和创造性而展开，都旨在满足员工的需要，促使员工获得全面自由的发展。在以人为本的现代企业中，企业必须对员工负责，完善人、开发人、发展人，成为人本管理一项最为重要的核心要求。

从企业文化角度来看，人本管理强调资方在管理中应正确区分“人本”和“物本”的不同，将人的主体意识及积极性、创造性的自觉发挥放在企业管理的首要位置，在企业管理中充分体现以人为本、育人为先的文化管理理念，关心爱护、理解尊重员工，通过职业教育与培训，对人力资源不断进行开发、完善与发展。

（二）企业社会工作的模式

企业社会工作源于欧美，在逾百年的发展过程中，其实务模式不断被总结与更新。具体而言，按照服务路径及着重点的不同，可划分为个人发展取向模式和社群权益取向模式[23]。按照服务对象重点的不同，又可划分为员工服务模式、顾客服务模式、企业社会责任模式等[3]。

1. 按照服务路径及着重点不同划分的模式

个人发展取向模式。该模式主要为员工个人提供与其工作、生活相关的“心理-社会服务”（Psycho-Social Services），包括员工辅导、员工支持小组、压力舒缓课程以及人际关系训练等；职业培训或再培训；与就业相关的服务，如就业介绍与选配、面试的训练与模拟、就业后的跟进辅导等。在该模式下，有时社会工作者为员工提供的是集中的服务，有时提供的是多样化的服务类别和项目。

社群权益取向模式。该模式聚焦劳工社群的群体权益，从宏观上围绕社会政策环境的改善，涵盖以下几个层面的内容：提供劳动法律方面的咨询与宣传教育，介入劳资纠纷与工潮，提供劳工权益政策方面的倡导与帮助等。实践中，企业社会工作者可以开展综合服务，既可以针对劳动者个人开展服务，也可以从社会政策环境入手而采取综合性的服务。

2. 按照服务对象不同划分的模式

员工服务模式。社会工作者本身成为企业内部员工，以咨询者、调解者和训练者的角色，全天候地提供驻厂服务，关注员工的需求，增强员工的生产力及其对组织的使命感。该模式较受企业与员工欢迎，但也面临着较大的困境，即在员工利益和企业利益之间普遍存在着冲突的情形下，找到一个可以统筹劳资双方利益的契合点，努力使企业认可社会工作的理念和方法存在困难[16]。

顾客服务模式。其又称为雇主或组织服务模式，指社会工作者独立于企业之外，受雇于社会服务机构，主要扮演咨询者、方案策划发展者、顾问及倡导者等角色，为有问题的企业或员工提供服务，协助他们辨识并满足自身需求。

企业社会责任模式。20 世纪 80 年代，欧美发达国家企业社会责任运动兴起，企业社会责任（CSR）是指企业在创造利润、对股东承担法律责任的同时，还要承担对员工、消费者、社区和环境的责任。具体包括以下议题：保证员工工作与家庭的平衡，员工教育和职业发展，对文化程度低的员工进行读写能力训练，服务贫困员工，商业伦理和环境生态等。在该模式下，社会工作者扮演着咨询者、方案策划发展者、顾问及倡导者等角色，影响和教育企业回应利益相关者以及更大的社会、政治环境中关键的人类服务需要。

四、企业社会工作的服务目标及领域

（一）企业社会工作的服务目标

企业社会工作的主要服务对象为员工和企业，因此常常通过专业的社会工作技能给员工赋权增能，改善工作和生活环境，保障福利与待遇，激发工作积极性。同时，也提高企业的活力与生产效率，促进企业重视员工的权益并关注社会责任，充分发挥人力资源的效能，最大限度地提升生产力。

（二）企业社会工作的基本领域和基本内容

目前，国内外的企业社会工作实务操作主要集中在员工个人和群体及企业组织本身之间的人力资源方面，据此可划分为 3 个基本领域，即员工本人及家属的领域、员工之间的领域、员工与管理层之间的领域。具体而言，企业社会工作的基本内容包括：争取和维护员工权益，协助开展员工技能培训，解决员工心理和情绪问题，协调企业内部员工关系，助推企业履行社会责任等。

1. 企业社会工作的基本领域

一是针对员工本人及家属的领域。这是目前企业社会工作最主要的实务领域，涵盖员工的薪酬福利、学习培训、招募裁员、职业发展规划、家庭生活、情绪处理、心理干预等方面。在这些工作中，社会工作者既可以发挥专业优势，运用个案、小组和社区等专业方法直接介入，也可以有针对性地提出外包方案，且在项目设计规划和组织实施过程中较好地保障员工权益，实现服务的优化。

二是针对员工之间的领域。该领域既是员工个人服务的延伸，有利于员工的职业生涯发展和职业归属感的增强，又是企业管理的一部分，有利于营造和谐融洽的组织氛围。具体内容包括开展员工康乐活动，团队建设与管理，塑造企业文化，促进企业内部沟通等。

三是针对员工与管理层之间的领域。该领域主要涉及企业自身的管理运营，包括组织结构的变革、目标管理的制定和考评、企业日常组织运作、管理层的日常领导激励以及监督控制等。

2. 企业社会工作的主要内容

一是争取和维护员工基本权益。这是企业社会工作首要的介入点，也是员工们在企业内部生存与发展的基础。然而，在改革的过程中，一些企业员工的合法权益被严重侵犯，而员工自身却缺乏自我救济的方法和渠道，这就需要企业社会工作者的介入，用专业方法引导员工合法合理地争取和维护权益。

二是协助开展员工技能培训。技能培训是提升员工个人和企业综合实力的重要途径。企业社会工作者利用专业的理论与方法协助企业开展员工技能培训，使员工与时俱进地掌握符合时代要求的最新知识与技能，提升岗位胜任力，进而增强企业的市场竞争力。

三是解决员工心理和情绪问题。通常而言，在员工刚入职或变换工作时，有可能难以适应新的环境和企业的经营管理方式，加上较大的工作强度和压力，容易产生迷茫、焦虑、烦躁等心理。在员工长期面对单调枯燥的工作时，容易产生职业倦怠、职业枯竭等问题。企业社会工作可以介入员工的心理和情绪问题，帮助员工建立理性认知，为其提供心理疏导，提升情绪管理的能力，拥有健康的心理、抗逆力以及工作–生活相平衡的能力，化解现实困难。

四是协调企业内部员工关系。企业社会工作者主要从 3 个方面协调组织内部的员工关系：（1）化解员工之间的矛盾；（2）缓和员工和企业管理者之间的矛盾，消除某些对立的情绪；（3）对不同部门之间产生的隔阂与矛盾进行调解。

五是助推企业履行社会责任。企业社会责任强调企业在追求经济效益的同时还应该遵从公平公正的社会原则。企业不是一个封闭的单位，而是一个完全开放的有机体。我国绝大多数的企业还是被动地去履行社会责任的。社会工作者在做企业社会工作的时候可以认识到员工的福利与企业收益之间的矛盾，在维护员工权益的同时去推动企业创新。任何一家企业都直接或间接地跟外部环境有着不可分割的关系，在追求企业利润的同时也应与其他利益相关者和谐共处，为企业发展提供有利的外部环境。如部分企业在生产经营时产生废气、废水等垃圾会对周围居民生活造成一定的影响，企业社会工作者要督促企业对环境进行有效管理和保护，设计更为环保的生产项目，从而为企业的可持续发展创造空间。

五、我国企业社会工作的最新发展

（一）企业社会工作地位的发展

2006 年，党的十六届六中全会首次提出要在我国建设宏大的社会工作人才队伍，自此，专业社会工作得到快速发展。在中央的高度重视和各地、各有关部门的积极推动下，多领域的社会工作取得了长足的进步，但企业社会工作的发展仍相对滞后。2013 年，《民政部关于开展企业社会工作试点的通知》在全国范围内确定 18 个地区和 80 家单位开展企业社会工作试点。2016 年，民政部社会工作司在浙江省嘉善县举办了企业社会工作专题研修班，总结首批全国企业社会工作试点的推进成果，指出试点取得了良好效果，展现了企业社会工作的专业作用。同年，《中华全国总工会　民政部　人力资源社会保障部关于加强工会社会工作专业人才队伍建设的指导意见》，为进一步推进企业社会工作增加了助力。

（二）企业社会工作者服务内容的拓展

企业社会工作的服务内容既“坚持普遍性”又“考虑特殊性”，所谓“坚持普遍性”就是要坚持社会工作服务性、专业性和福利性的基本属性；所谓“考虑特殊性”就是要考虑到企业社会工作协调的社会关系是劳动关系，而劳动关系既有平等性也有隶属性，既有人身属性也有财产属性，这与其他领域的社会工作形成鲜明对比[18]。由此，企业社会工作能够在促进企业改善劳动条件，加强劳动保护，支持和帮助员工预防和治疗职业病，维护员工劳动安全、休息休假和职业健康权益以及女员工的特殊劳动保护权益，帮助困难员工解困脱困，协助政府部门为下岗、失业人员提供职业介绍、职业培训等服务方面发挥重要作用。

2020年春，受新型冠状病毒的影响，经济社会发展受到极大冲击，疫情平稳后，为尽快复工复产，社会工作者精准回应企业需求，积极协助企业开展了员工返岗排查、防控机制完善、劳资纠纷调解、内部管理协调等工作。同时，还充分发挥专业优势，以开通企业员工心理健康咨询热线、现场提供指导等线上线下相结合的方式，为复工人员开展就业指导、心理疏导、疫情防控咨询、困难员工慰问等服务。仅深圳市社会工作者协会及社会工作机构就开通了高达152条心理咨询热线；深圳市大鹏新区总工会还组建了一支“职业化工会工作者+社会工作者+志愿者”的工会疫情防控心理志愿服务队伍，依托8条电话热线为员工提供心理咨询、情绪疏导等服务，并为特定区域和行业的员工提供心理援助上门服务[1]。

（三）企业社会工作的新路径

我国企业社会工作的发展和整个社会工作领域的发展规律是基本相同的，在嵌入、融入现有的服务体系的同时，也存在着另辟蹊径的可能性[7]。

1. 依托工会开展企业社会工作

由于在计划经济时期形成的大包大揽的传统，我国企业一直有重视员工的多种需求，并且配备了工会这一较为完整的组织架构来保持对员工各方面问题的关注。作为我国比较完整、系统的群团组织，工会有着成熟的组织体系，且广泛分布在不同类型、不同领域的企业中，在维护员工权益和促进员工福利方面发挥着重要作用。在社会经济加速发展的背景下，员工的需求日益复杂化和多元化，现阶段尽管工会对员工的关注水平和专业程度在一定意义上不能完全适应新时代的需要，但毕竟有这样一种制度安排，而且这种成熟的组织架构和制度传统在必要时也较为容易吸纳企业社会工作。在引入形式上，可以通过对工会的干部与工作者进行社会工作专业培训及在工会内设置社工岗位[12]，或者工会通过购买社会服务的方式引入社会工作。

2. 以企业社会责任作为切入点

目前，企业社会责任在我国已经获得了较高的社会认可度，满足员工福利和社会成员需求，实现企业员工福利和服务的供给专业化逐渐成为企业较为普遍的共识[7]。借助社会责任的履行在企业内推动社会工作，既可以在较大程度上得到企业的认可和接纳，同时也能够更好地促进企业社会工作为员工提供服务。

企业社会工作可以从两个层面帮助企业履行社会责任，一是促使企业维护员工合法权益，保证员工的合理福利，如通过调研、跟踪及评估员工的需求，为企业完善员工福利方案，建立一套制度与计划，以预防和解决员工问题，提升员工福利；二是将履行社会责任作为企业良性发展与维护形象的手段之一，努力通过多种专业性举措，协助企业做好全面系统的社会责任计划与执行工作[22]。

3. 关照职场困难群体的需求

企业社会工作应着重为相对困难的职场群体提供服务，处于职业生涯早期与职业生涯晚期的员工对社会工作服务的需求可能更为强烈，应该作为企业社会工作的主要服务对象之一。对于刚刚进入工作领域的新进员工而言，他们面临着一系列问题，如角色内的冲突、角色间的冲突、工作环境的不适应、初入职场的压力与困惑、人际交往以及婚恋方面的心理压力，等等。企业社会工作可以为其提供生活辅导、情感支持、职业生涯规划等服务。对于临近退休的员工而言，他们即将退出劳动力市场，往往会面临心理上难以接受以及再社会化等问题，企业社会工作可以为其社会角色调整和健康老龄化提供必要的支持和辅导[15]。

同时，为企业中的困难员工提供必要的帮扶，为企业中处于不利境地的员工提供支持也应该成为企业社会工作的题中之义，如为患病、伤残的员工提供物质帮扶和健康照顾，为低技能员工提供职业技能训练，应该成为企业社会工作重点介入的领域之一[15]。除此之外，为普通员工提供心理疏导、文娱康乐、职业规划、协调矛盾等服务，也是企业社会工作的常见内容。

（四）企业社会工作人才队伍的建设与专业人才培养的新要求

建设一支高素质的企业社会工作专业人才队伍，对于充分发挥企业社会工作的作用，提高服务职工群众的能力水平，构建和谐劳动关系具有重要的作用。我国的企业社会工作专业人才主要包括具备企业社会工作专业素质能力的机关、企事业单位工会人员，以及企业通过购买社会工作岗位和购买社会服务等方式使用的人员。多年来，尽管各地在加强社会工作专业岗位开发与人才激励保障方面进行了一系列创新探索，取得了很好效果，但是社会工作岗位覆盖领域依然较窄，人才激励保障力度还有待进一步加大。但总体来看企业社会工作人才队伍仍存在数量短缺、流动性较大、专业性不足、服务能力不强等问题。

党的十六届六中全会作出建设宏大社会工作人才队伍的决策部署以来，为加快推进社会工作专业人才队伍建设，不断提高社会工作专业化职业化水平，2011 年中央组织部、中央政法委、民政部等 18 个部门联合发布了《关于加强社会工作专业人才队伍建设的意见》，这是第一个全国意义上关于社会工作专业人才的专门文件，是全国社会工作专业人才队伍建设的指导性纲领，在我国社会工作发展史上具有里程碑意义。随后，中央组织部、中央政法委、民政部等 19 部门联合出台《社会工作专业人才队伍建设中长期发展规划（2011—2020 年）》，这是我国第一个关于社会工作专业人才队伍建设的中长期规划，是中央组织部、中央政法委、民政部等 18 部门联合发布《关于加强社会工作专业人才队伍建设的意见》之后出台的推进专业社会工作事业发展及其人才队伍建设的又一纲领性文件。一系列文件的颁布以及社会工作教育培训和职业水平评价政策制度出台等多措并举，推动了我国企业社会工作专业人才制度建设稳步发展，人才队伍不断壮大。

未来的企业社会工作人才培养应进一步加强企业社会工作者的专业素质，提升企业社会工作者的服务技能，让社会工作的专业性能够得到充分体现，企业社会工作者的专业技能能够更好地予以发挥。

参考文献：

[1] 汪昊．服务复工复产　社工贡献专业力量［N］．中国社会报，2020-05-13/2022-08-10.

[2] 高钟．企业社会工作概论［M］．北京：社会科学文献出版

社，2007.

［3］顾东辉．社会工作概论［M］．上海：上海译文出版社，2005.

［4］阮曾媛琪．香港职业社会工作［M］//载周永新．社会工作学新论．香港：香港商务印书馆，1994.

［5］宋丽玉，施教裕．优势观点：社会工作理论与实务［M］．北京：社会科学文献出版社，2010.

［6］岳经纶，陈泽群，韩克庆．中国社会政策［M］．上海：格致出版社，上海人民出版社，2009.

［7］张默．企业社会工作［M］．北京：社会科学文献出版社，2014.

［8］MASLOW，ABRAHAM. Motivation and Personality［M］. New York：Harper，1954.

［9］黄健元，程亮．社会支持理论视角下城市民办养老机构发展研究［J］．东南学术，2014（6）：83-89.

［10］李宁宁，苗国．社会支持理论视野下的社会管理创新：从刚性管理向柔性支持范式的转变［J］．江海学刊，2011（6）：111-116.

［11］刘斌志，沈黎．工业社会工作：美国经验与本土探索［J］．华东理工大学学报（社会科学版），2006（4）：20-23.

［12］卢磊．美国企业社会工作的发展历程及其启示［J］．社会工作，2015（4）：73-79.

［13］卢磊．我国港台地区企业社会工作的发展历程及其启示［J］．社会福利（理论版），2018（3）：29-33.

［14］孟洁．社会工作优势视角理论内涵探究［J］．华东理工大学学报（社会科学版），2019，34（1）：55-64.

［15］钱宁．面向新时代的企业社会工作：实践困境与发展思考［J］．西华大学学报（哲学社会科学版），2020，39（3）：1-8.

［16］邱爱芳．企业社会工作服务模式探析［J］．社会工作（学术版），2011（2）：71-72.

［17］沈黎．台湾工业社会工作的发展经验与启示［J］．南方论丛，2009（2）：79-84.

[18] 徐道稳. 角色定位、价值冲突和模式选择——略论企业社会工作的基本问题 [J]. 社会工作, 2015 (3): 28-34+44+125.

[19] 张必春, 李亚男. 增能与复原: 优势观点视域下失独群体救助的社会工作因应 [J]. 社会科学研究, 2008 (5): 102-107.

[20] 张默, 卢磊. 我国企业社会工作的发展历程和趋势 [J]. 中国劳动关系学院学报, 2015, 29 (4): 91-97.

[21] 周梦. 企业社会责任: 企业社会工作发展新途径 [J]. 工会理论研究 (上海工会管理职业学院学报), 2018 (5): 39-43.

[22] 周沛. 企业社会工作目标指向探讨——一个有别于其他社会工作实务的视角 [J]. 社会工作, 2013 (3): 37-42+62+152.

[23] 周沛. 一项急需而有价值的社会工作介入手法——论企业社会工作 [J]. 社会科学研究, 2005 (4): 107-113.

[24] 周沛, 曲绍旭. 论企业社会工作的概念、目标与原则 [J]. 社会工作, 2012 (2): 4-7+12.

实务
案例篇

案例一

城市商业银行派遣制员工离职倾向的个案工作介入①

一、案例背景

随着我国市场经济的日益发展以及用工制度改革的深入推进，劳务派遣作为一种灵活用工形式已被越来越多的城市商业银行所采用。2008 年，《中华人民共和国劳动合同法》对劳务派遣用工作出明确界定后，劳务派遣制很快成为城市商业银行的重要用工形式之一。作为新型用工形式，劳务派遣制的出现很大程度上解决了城市商业银行中正式编制和人才流动受限、管理成本和人工费用高企、人才闲置、工作效率低下等问题，极大地压缩了员工的使用成本和离职成本，与此同时，也引发了传统用工模式所不曾遇到的新问题。从劳动关系建立方而言，与派遣制员工签订劳动合同且建立劳动关系的是劳务派遣公司，而与合同制员工（俗称“正式工”）签订劳动合同且建立劳动关系的是银行；从招聘渠道来看，派遣制员工大多从社会招聘（近年来因疫情造成大学生就业困难，因此也招聘了相当数量的大学毕业生），而合同制员工通常是从大中专院校应届毕业生中招聘。从银行目前用工情况来看，信用卡销售、客服中心、大堂经理、保安、IT 系统维护人员等几类岗位大多使用派遣制员工。

派遣制员工与合同制员工的岗位职责及工作任务大致相同，但前者往往

① 活动撰稿人：杨平平，指导老师：邹勇文。

工时更长，劳动强度更大，除了完成自己分内的工作，还经常被指派去协助后者完成工作任务；前者承担的工作缺乏技术含量和长期精进的可能性，晋升空间狭窄；且在薪资、待遇、福利和社会保障等方面与后者存在着较明显的差异，如在年终奖、缴纳公积金的基数等方面，比后者要少相当一部分，且通常不交“四金”，即违约金、损害赔偿金、经济补偿金和社会保险金，而后者则要交。以城市商业银行某基层银行大堂经理的月薪为例，派遣制员工约 4000 元，合同制员工却超过 1 万元，收入悬殊，且前者的福利、津贴、工作环境、职业发展、培训教育等方面的待遇远不及后者。上述管理制度和薪资制度使得派遣制员工遭到不平等的职场回报，被歧视感和无助感强烈，流失率较高。

派遣制员工的频繁离职，不但使他们自身的技能水平和职业能力得不到积累，同时也导致银行招聘、培训等管理资源的浪费。因此，通过社会工作介入倡导更为公平的银行用工环境，降低派遣制员工的离职倾向，对员工和银行双方而言，都是大有裨益的。本案例以 J 银行 E 支行派遣制员工为服务对象，对银行管理制度给出合理建议，加强银行内部人性化管理，促进派遣制员工与同事的相互沟通，建立派遣制员工的理性认知，提升其业务能力，可以说是降低派遣制员工离职倾向的一次有益探索。

（一）J 银行 E 支行概况

J 银行成立于 2015 年，是 J 省唯一一家省级法人银行，2018 年在香港上市，成为 J 省首家上市金融企业和 J 省实施“映山红”行动以来在境外上市的首家企业。截至 2020 年末，集团资产总额 4586. 93 亿元，在职员工 5000 余人，营业网点覆盖 J 省全部设区市，且在苏州、广州设立了分行。同时发起设立 J 省首家金融租赁公司和 5 家村镇银行。近年来，J 银行各项事业均取得了快速发展，得到了社会各界的认可：主体信用评级为国内城商行最高评级 AAA 级；在英国《银行家》杂志发布的“2020 年全球 1000 强”榜单中，一级资本位居第 264 位；位列“中国服务业 500 强”第 324 位，相继荣获“最佳普惠金融城市商业银行”“全国厂务公开民主管理先进单位”等多项荣誉。目前 J 银行正朝着成为协同高效、管理规范、特色鲜明、有市场影响力、社会公众认可和全国一流的城商行集团目标奋进。

目前J银行E支行（以下简称E支行）旗下设有1家一级支行、8家二级网点以及3家社区支行，在岗人数近300人，其中包含大量的劳务派遣员工和外包制员工，劳务派遣员工平均年龄为26岁，多为刚入职不久的大学生。

（二）J银行E支行派遣制员工离职情况

近年来因E支行所在地市的金融机构网点数量大增，导致人才需求明显增加，尤其是基础岗位上表现更甚。该市金融机构的人才竞争抢夺战主要出现在股份制银行、国有银行、农商行和城商行四大银行中，还有少部分人才进入了互联网金融这一新兴行业或其他行业或自主创业。此间E支行派遣制员工出现了比较严重的流失，前后共逾百人次离职，而且还表现出了逐年增长的明显态势，离职行为越来越频繁。据了解，离职员工多数跳槽到本省其他农商行或城商行，还有一小部分转入互联网金融行业或者其他行业。

派遣制员工离职的原因在于派遣制员工与银行之间只存在实质性的劳动关系，而没有法律上的劳动关系，这使得派遣制员工与合同制员工尽管面临着同样的绩效指标考核压力，需要在工作中付出相同的努力，完成同样的业绩，却得不到和正式员工同等的薪酬和发展机会。同时派遣制员工往往被边缘化，他们的政治权利常常被银行忽略，无论是入团、入党、参加工会组织，还是参与选举、银行组织的文体和竞赛活动的机会都不如正式员工多。诸多类似因素导致派遣制员工产生了强烈的心理落差，萌生出将所在银行作为“跳板”的心理，只要积累了一定的工作经验，有更好的职业机会就很可能毫不犹豫地离开。

（三）个案背景

服务对象W，男，27岁，金融学专业本科毕业，于2015年12月通过社会招聘入职E支行，系派遣制员工，担任社区银行理财经理助理一职。其所在社区银行由于规模较小，且主要客户群体为社区居民，所以网点员工只有4人，其中正式员工2人，派遣制员工2人。服务对象性格外向，爱好体育运动，较擅长打羽毛球，喜欢与人打交道，比较适合从事网点的营销业务。刚入行前两年，工作较有激情，业绩做得比较出色，但是与行里转正要求的业绩标准还是有一定的差距。近年来E支行转正门槛不断提高，以至于服务对象入行4年多还未转正，于是向E支行递交了离职申请，提出的离职原因为“对目前的工作已失去热情和动力”。由于长期未转正，服务对象越来越没有自信，自我认同感降低，半年前失恋后觉得自己“混得不好”，既没有结婚所需的物质基础，也没有得到社会的认同，不配再谈恋爱。

二、需求评估

服务对象W的情形在城市商业银行派遣制员工中具有代表性。通过对服务对象进行个案访谈，社会工作者评估服务对象存在如下需求：一是提高工资待遇并转正。与E支行同样年龄、同样岗位的正式员工相比，服务对象W的薪资福利水平较低。根据E支行的薪酬制度，派遣制员工入职满一年后年收入约6万元，随着业绩的提高，会有相应的绩效奖金，但是收入最高只能达到8万元的上限；而合同制员工的年收入以10万元起步，工作3年后基本在15万元以上，且随着工作年限的增加，薪资越来越高。“同工不同酬”让服务对象感到非常郁闷，降低了工作热情。尽管服务对象一入职就以实现转正为目标进行努力，并在入职后的头两年也获得了派遣制员工的年薪上限8万元，但是随着E支行转正条件的不断提高，以及服务对象与合同制员工收入差距的不断拉大，服务对象的热情逐渐被消耗殆尽，认为如果无法提高薪酬，那么现有收入水平在E支行所在的省会城市仅能应付生活日常开销，买房则遥遥无期，不如辞职，另谋高就。

二是提高归属感。服务对象性格活跃，愿意积极参与银行的各项活动，但发现由于自己的派遣制员工身份，参加很多活动都有限制，因此感觉自己是银行的“二等公民”，缺乏存在感，需要寻找到自身在银行的价值和被认同感。

三是提高自信心和自我认同感。服务对象在工作和恋爱方面遭遇了挫折，需要重新认清自身优势，激发斗志，提升自信心和自我认同感，为今后的工作和生活奠定基础，提供动力。

三、服务计划

（一）理论基础

1. 马斯洛需求层次理论

在马斯洛看来，生理需求、安全需求和社交需求属于低一级的需求，通过外部条件即可满足；而尊重需求和自我实现需求是高级需求，通过内部因素才能满足，且一个人对尊重和自我实现的需求是无止境的。同一时期，一个人可能有几种需求，但每一时期总有一种需求占支配地位，对行为起决定性作用。各层次的需求相互依赖和重叠，高层次的需求发展后，低层次的需求仍然存在，只是对行为影响的程度大大降低。

本案例中服务对象的安全需求、社交需求、尊重需求和自我实现需求均未满足。因薪酬水平较低，所处省会城市房价高企，服务对象买房存在经济困难，以及派遣制员工的工作职位缺乏稳定性，未来缺乏保障，服务对象的安全需求尚未满足。服务对象在J银行缺乏归属感、存在感，社交需求得不到满足。因长期无法转正，服务对象无法获得自我尊重和被他人、被组织尊重的感觉，尊重需求得不到满足。由于缺乏职业发展空间，服务对象感觉个人的聪明才智、理想和抱负都难以施展，因此自我实现需求也难以满足。社会工作者将围绕服务对象上述需求，提供富有针对性的帮助。

2. 赋权理论

赋权又名增权，通常被界定为个体获取权力、资源，从而可以把握生活的过程。Gutierrez 等（1991）指出，赋权具体包括社交关系、个体以及社会参与三方面的内容。赋权理论假设社会资源分配或资源获取机会存在不公平的现象，导致社会出现明显的分层和压迫，认为是服务对象周遭存在的权能障碍使其本身即使具备能力和潜力，但仍然充满无力感，无法参与社会与政治，进而无法实现自身的利益。赋权增能理论认为，社会工作者一方面要增加服务对象个人能力，提升服务对象自我效能感，促使其更加自信和勇于作为，另一方面是引导服务对象参与社会互动，并在互动中增加个人和人际权能，激发被环境压制的“权力”。

本案例中，社会工作者承认每个人都有自身的价值和能力，在充分了解服务对象的期望和需求基础上，鼓励和协助服务对象定义自己未来长期发展的蓝图（即争取转正），发现自身的优势，并朝向可预见到的未来愿景而努力，不断增强工作能力。同时，帮助服务对象协调人际关系，使其主动与上级、同事沟通，提升在J银行中的影响力，充分利用社会网络，获取社会资源。

（二）服务目标

本次服务的总体目标在于树立服务对象的自信心和自我认同感，建立有利于服务对象发展的良好社会关系网络，以此来增强服务对象的公平感、归属感，降低服务对象的离职意愿，让服务对象回到工作岗位，努力进行自我实现。具体目标包括三项：一是减轻服务对象的不公平感受，协调其与上级及同事的关系，使其了解J银行为缩小派遣制员工与合同制员工之间的待遇差距而作出的努力和改变；二是帮助服务对象对自我建立正确认知，全面了解自身优点，提升工作能力，以积极正面的心态去面对问题、重拾自信；三是削弱或打消服务对象的离职想法，让服务对象继续在自己擅长的工作领域发挥自己的工作才能，帮助服务对象提高在J银行中的影响力，争取将来实现转正目标。

（三）服务方案

本次个案工作拟开展6次介入服务，时间为每周日下午3：00—4：30，所有服务前后历时两个月。介入地点在社区服务中心休息室，该休息室是单独的一间房间，不易被打扰，里面有茶水和沙发，对于服务对象来说比较放松，谈话比较私密。社会工作者常在此开展个案工作，有助于对工作树立信心。具体服务安排如表1所示。

表 1　个案服务安排

主 题	目 标	内 容	运用技巧
第一次 建立专业关系，了解离职缘由	1. 社会工作者与服务对象建立专业关系；2. 社会工作者了解服务对象离职缘由，发现服务对象的潜在需求	1. 社会工作者与服务对象共同探讨本次活动的目的和意义，制定服务规则，订立服务契约；2. 社会工作者询问服务对象当前面临的问题，帮助其分析离职的原因；3. 社会工作者通过交谈评估服务对象的潜在需求；4. 离职倾向前测	制造气氛；积极主动；观察；专注；倾听；鼓励；使用量表
第二次 疏导服务对象负面情绪，探索改善可能	1. 社会工作者帮助服务对象疏导负面情绪，释放内心的压抑和委屈；2. 社会工作者帮助服务对象厘清思路，与服务对象商量改善的步骤	1. 社会工作者与服务对象会谈，对服务对象的遭遇进行同理，同时对服务对象进行自我披露，讲述自身和他人在职业生涯当中遭遇的瓶颈和解决之道，鼓励服务对象摆脱当前的沮丧心态，心怀希望；2. 社会工作者引导服务对象思考，为提高工作业绩应提升哪些能力，在哪些方面作出努力，鼓励服务对象积极行动而非消极抱怨	倾听； 自我披露； 提供信息； 建议； 鼓励
第三次 协调服务对象人际关系，满足社交需求	1. 帮助服务对象融洽与上级和同事的关系，增强服务对象对 J 银行的归属感；2. 服务对象发挥自身优势，提升在银行的存在感，满足社交需求；3. 帮助服务对象争取上级支持	1. 社会工作者重点了解服务对象在职场中的人际关系；2. 建议服务对象邀请上级和同事下班后打羽毛球，借切磋球技来增进彼此感情；3. 社会工作者建议服务对象邀请上级和同事周末爬山，加强体育锻炼，改善精神面貌；4. 社会工作者与服务对象上级商讨如何帮助服务对象提升工作状态，以降低其离职倾向	建议； 鼓励； 倾听
第四次 帮助服务对象重建认知，满足尊重需求	1. 服务对象建立理性认知；2. 服务对象提升工作能力，以获得自尊与他人的尊重	1. 社会工作者为服务对象讲授 ABC 理论，鼓励服务对象审视自己心理层面的焦躁与自卑心理，消除非理性认知，建立理性认知；2. 社会工作者鼓励服务对象寻找改变现状的方法，引导服务对象思考如何提升工作能力，建立自信心，进而获得他人的尊重	提供信息； 倾听； 鼓励； 建议； 忠告
第五次 引导服务对象职业精进，满足自我实现需求	1. 服务对象拓展职业发展空间，发挥个人聪明才智，追求自我实现；2. 服务对象增强生活幸福感	1. 社会工作者走访服务对象同事，了解同事眼中服务对象的特质和长处；2. 社会工作者鼓励服务对象探索职业精进的方向和可能，努力施展职业理想抱负；3. 社会工作者建议服务对象可以尝试新的爱情，增加人生幸福体验	倾听； 鼓励； 建议； 忠告

续表

主题	目标	内容	运用技巧
第六次个案工作总结	1. 服务对象调整好心理状态和工作状态，乐观主动地对待工作；2. 巩固本案成果，进行结案评估	1. 社会工作者协助服务对象调整好心理状态和工作状态，降低离职倾向；2. 结案会谈，社会工作者引导服务对象梳理在本次个案中取得的收获；3. 离职倾向后测	建议；鼓励；忠告；使用量表

四、实施过程

社会工作者介入初期主要是收集服务对象信息，与服务对象建立专业关系，使得服务对象能够对社会工作者坦诚相告，愿意接受社会工作者的帮助。服务双方约定接触次数与方式，评估服务对象的问题。介入中期主要是帮助服务对象消解负面的情绪，改变以往的非理性信念，重新建立理性认知，协调人际关系，提升工作能力，围绕转正目标而努力，更好地满足社交需求、尊重需求与自我实现需求。介入后期主要是帮助服务对象巩固在个案工作中取得的成果，从而更加积极地面对当下的工作。

（一）介入初期

首先，社会工作者通过前期接触，大致了解了服务对象的离职问题。在与服务对象进一步面谈后，通过细心观察服务对象的身体与精神状态，耐心询问服务对象的个人社会史、生活环境状况、经济条件、家庭结构关系与社会支持网络，社会工作者对服务对象所面临的问题情境及需求进行了相应的评估分析，判断服务对象的安全需求、社交需求、尊重需求和自我实现需求都尚未满足。在面谈过程中，社会工作者借助温和的视线接触、轻松的会谈姿势以及专注的倾听态度，积极主动地对服务对象的谈话内容进行回应，以平等、值得信任的口吻和热情真诚的态度与服务对象交流，鼓励服务对象畅所欲言并承诺为其保密，制造出轻松的谈话氛围。其次，社会工作者为服务对象简单介绍了企业社会工作的服务目标和服务流程，说明社会工作者能为服务对象提供的帮助。并与服务对象订立服务契约，约定以面谈为主、微信与电话为辅的接触方式，约定的接触次数为 6 次。同时，社会工作者根据自身的能力和能够链接的资源，与服务对象订立了以满足社交需求、尊重需求和自我实现需求为主要目标的服务方案。最后，社会工作者运用 Mobley 等提出的经典离职倾向量表对服务对象进行服务前测。

（二）介入中期

第二次服务过程中，社会工作者积极帮助服务对象进行负面情绪的疏导，通过倾听和鼓励，引导服务对象说出当前的困难，如“感觉看不到希望”“转正门槛很高，年日均要完成 3000 多万元的存款任务”“没有转正导致收入很低，只有正式员工的 1/3 ~ 1/2”“归属感不强”“有低人一等的自卑”等。接着社会工作者利用同理心，设身处地体会服务对象的感受，对服务对象进行自我披露，以自身和熟悉的他人为例，讲述其在职业生涯中遭遇的瓶颈，让服务对象感到自己的失意并不是个例，很多人的职场生涯都走过弯路；同时社会工作者还向服务对象讲述了自身和熟悉的他人是如何突破事业发展的瓶颈，获得新的发展机遇的，鼓励服务对象不要被挫折吓倒，要心怀希望，迎接挑战。最后，社会工作者建议服务对象加强思考提高工作业绩，究竟应该提升哪些能力，在哪些方面作出努力，毕竟这才是在任何职场上都能制胜的不二法门。

第三次服务过程中，社会工作者希望以改善服务对象的职场人际关系为突破口，协助服务对象寻求优化处境的方法。在与服务对象的会谈中，社会工作者了解到在其刚入行时，网点还会组织聚餐等团建活动，但半年前换了新主管，同事之间就很少联系，服务对象休息的时候就在家里睡觉、玩手机。而且服务对象所在网点还有 1 名派遣制员工小 R 同样需要业绩转正，所以与服务对象平常在业绩分配上会出现些小摩擦，也会因此闹得不愉快。服务对象认为小 R 和新来的网点主管同为本地人，所以平常主管对他照顾得更多，有业绩会更多地计入那名派遣制员工名下，因此感到不公平。社会工作者针对这种情况，一方面建议服务对象借助自身的运动爱好和特长等有利条件，加强与同事的沟通，以此来提升在银行的存在感，融洽与上级和同事的关系（后来的事实证明，同事们对服务对象提出的体育运动纷纷响应，积极参加）；另一方面也有感于服务对象作为一个外地人在本市工作的不易，决定与其领导会谈，以帮助服务对象争取上级的支持。

由于社会工作者常驻的社区服务中心即在网点所在的社区，因此社会工作者与社区网点主管也认识。在得知来意后，主管告诉社会工作者上个月转正业绩考核结束后，服务对象得知转正无望，工作状态十分消沉，在埋怨主管没有给他提供适当帮助的同时也提交了辞职申请。主管指出服务对象的业绩离当下转正要求相去甚远，即使网点业绩全部归他一人，也是杯水车薪，同时自己也并没有偏心小 R，之所以有时把业绩计入其名下是由于其刚入行一年，绩效考核在初级，网点稍微支持一点，小 R 就能评上更高一档的绩效，而服务对象目前已经是派遣制员工里绩效最高的一档（助理），即使把业绩全部算给他，绩效也无法提升。社会工作者建议网点人不多，如果可以搞几次团建，不但有利于提升同事的合作度和凝聚力，还能够增加团队作战的默契和成果，该建议得到了网点主管的赞同。

同时，社会工作者还致电 J 银行人力资源部主管，向其了解该行劳务派遣制度的具体实施规则。人力资源部主管告诉社会工作者，派遣制员工刚入职时的待遇仅接近合同制员工的一半，且随着工龄的增长，与后者的薪酬差距只会越来越大。由于不能转岗，能从工作中积累的职业技能很有限，缺乏提升空间，因此该行派遣制员工的离职率约为合同制员工的 5 倍。主管也感到这对人力资源部来说，浪费了大量的招聘和培训成本，但为了节约银行开支，又不能大规模地将派遣制员工转正。社会工作者建议银行，首先可以适当给予派遣制员工更多的关怀和重视，如赋予其参与一些组织与活动的权利，使其对银行有归属感和主人翁责任感，从而能更加投入工作。其次，可以给予派遣制员工轮岗机会，以防止职业倦怠，提升工作技能，拓展全局思维，最终有利于增加工作绩效。最后，即使难以将其转正，银行也可以根据业绩适当提高薪酬上限，这样既能使其更加珍视自身的岗位，更加认真地对待工作，降低不公平感受，同时又能留住那些精通业务的资深员工，让顾客办业务时还能看到熟悉的面孔。

第四次服务过程中，社会工作者为服务对象讲授 ABC 理论，鼓励服务对象审视自己的焦躁心理，引导服务对象反思过往是否存在某些非理性认知，服务对象意识到当自己在单位未获得公平公正的认可、尊重与任用时，主动疏远了相关的人员与群体，是将转正失败归因于上级和同事的错误心理。社会工作者对服务对象提出忠告，一方面应防止错误归因，消除与主管、同事之间的隔阂；另一方面应转变目前对工作任务不负责任、漫不经心的态度，改变急于求成的心理。同时，帮助服务对象认清当下的局势，意识到派遣制员工转正的艰难程度，摒弃自己“技不如人”“百无一用”的自卑心态，鼓励服务对象积极寻求突破当下困境的办法，思考如何提升综合素质、专业技能与服务水平，多学习业务知识，夯实金融业务功底，向领导、同事以及通过网络、书本等渠道学习营销技巧，打动和积累更多的优质客户，以专业、高效的服务获得他人的认可和尊重。

第五次服务过程中，社会工作者为了协助服务对象拓展职业发展空间，施展职业理想抱负，对服务对象同事进行走访，了解到同事对服务对象有“形象阳光”“性格开朗”“反应灵敏”“主意较多”等评价，鼓励服务对象从提升沟通能力、营销能力、信贷专业技能、信贷产品应用能力、财务分析能力、行业分析能力与市场调研能力等多方面进行尝试，增强社交自信，扩大社交圈，丰富个人生活，探索今后职业精进的新的方向和可能。此外，社会工作者建议服务对象有合适的机会可以尝试新的爱情，增加人生幸福体验。

（三）介入后期

第六次服务过程中，社会工作者告知服务对象个案服务已接近尾声，询问服务对象是否调整好心理状态和工作状态，准备迎接新的生活。在得到服务对象已经做好准备，并对整个个案工作介入过程充满了正面感受和体验的肯定回答后，社会工作者帮助服务对象进行了回顾和肯定，引导服务对象梳理了在本次个案中取得的收获，并进行离职倾向后测。

五、总结评估

（一）过程评估

介入初期，服务对象由于抱着即将离职的无所谓心态，以及对社会工作者保密精神的了解，因此随着与社会工作者沟通的顺利展开，将无法转正的埋怨和委屈一股脑地透露给社会工作者，表达了强烈的不公平感，在发泄的同时得到了一些放松。建立专业关系后，服务对象描述了职业发展的心路历程，社会工作者作为服务对象的引导者，与服务对象共同制定目标策略，细化发展目标，消除其职业迷茫感，明确其期望和需求。服务对象此时希望社会工作者能帮助其与银行领导沟通，从而尽快实现转正，社会工作者给予了明确的解释和说明，表示自己能够帮助服务对象更加努力实现转正，但无法确保其短期内能够达成转正愿望。

介入中期，服务对象在社会工作者的引导下冷静下来，思考问题解决之道，围绕下列目标而努力：挖掘自身优势，提升业务能力，改善人际关系，调适职业发展路径等。服务对象认为与社会工作者的互动过程平等而友好，双方各抒己见，坦率真诚，自己在服务过程中感到放松且日益积极。社会工作者作为陪伴者，对服务对象予以专业关注，与服务对象联手对抗环境压迫，减轻其孤立感；作为咨询师，通过自我披露和提供信息，增强服务对象自我意识，消除其工作懈怠的被动感；作为支持者，协助服务对象探索提升工作能力的方法，不断增强自身价值，消除无力感；作为使能者，鼓励服务对象重新找回自信，以有能力面对问题和解决问题；作为经纪人，引导服务对象协调与上司和同事的关系，增强社会互动和人际沟通，以获得归属感和权力感；作为倡导者和管理者，主动与服务对象单位工作人员商讨如何帮助以服务对象为代表的派遣制员工提升福祉，且得到了对方的积极回应，有利于实现服务对象个人发展，促进社会更加公正。

介入后期，服务对象真诚地感谢社会工作者给予的帮助，对自身在个案中获得的成长表示欣喜，认为社会工作者赋予了自己很多空间和独立感，并对自己提出了具有建设性的建议，使得自己走出了阴霾，重新充满信心地对待工作。

（二）结果评估

就服务对象的状况而言，其焦躁与自卑心理有所缓和，工作态度更加积极，对自身角色的认知更为清晰，职业发展目标更为明确，人际关系更为和谐，对权力的掌控以及自我评价和效能感均有所提升。就服务对象周边环境而言，所在社区网点对其更为友好，上级和同事们对其更加支持，能够理解服务对象工作的不易。就更为宏观的社会环境而言，服务对象所在的J银行人力资源部主管听取了社会工作者的建议，愿意尝试探索更为公正合理的派遣制员工管理制度，因此可以认为社会互动更加公正，政策制定更加趋于合理等。

表2显示，服务对象离职倾向量表前后测得分对比明显。在个案工作刚开始时，服务对象离职倾向量表得分为21分（满分为25分），个案工作完成时，同一量表的得分为13分，由此可以看到通过个案工作，服务对象的离职倾向明显减弱，服务目标基本达成。

表2　服务对象离职倾向量表前后测得分对比（分）

编 号	问 题	前测得分	后测得分
1	目前我所从事的工作不适合我	4	3
2	我会关注其他的工作机会	4	3
3	我最近正在考虑离开这家银行	5	2
4	我正在计划找一份新工作	4	2
5	如果继续待在这家银行，我的前景不会好	4	3
总 分		21	13

从需求理论视角来看，服务对象的社交需求、尊重需求和自我实现需求得到了一定程度的满足：在体育运动中，服务对象感受到了组织的归属感与同事的友好；服务对象在新开业的省图书馆办理了一张图书证，借阅了一些金融专业书籍，还报名参加了一个网络课程，努力提升自身的业务水平，找

回了久违的职业激情。从赋权角度而言，本案中社会工作者在一定程度上既发展了服务对象的个人权能，又推动了社会变革，使服务对象始终作为行动的主体获得发展，如果在今后遇到环境压迫和互动不良，则能够更加主动地予以解决，实现助人自助。

六、专业反思

评估结果说明，通过社会工作者的服务，服务对象的需求已经得到了基本的满足，离职意愿已明显降低。但由于社会工作者的专业能力和实务经验的局限，本次个案工作依然存在着些许不足。例如，派遣制员工的劳务用工问题涉及劳动法学、管理学等多个学科领域的知识，而社会工作者对相关知识的掌握却很有限，因此需要社会工作者积极拓展相关领域的知识，从而为服务对象提供更加专业的引导和帮助。再如改善派遣制员工的待遇和编制问题绝非一朝一夕之功，从宏观的社会政策倡导层面加以努力，比个案工作更能取得事半功倍的效果，而社会工作者目前还缺乏对政策的统筹解读和修正能力。因此，社会工作者应高度关注以服务对象为代表的广大派遣制员工的劳动权益，扮演好倡导者的角色，最终促成社会政策的变革。

诸如，在城市商业银行中，有相当一部分派遣制员工刚入职几周即办理离职，事实上，这类人群也值得社会工作者关注。由于城市商业银行对业务岗位招录聘用的派遣制员工的教育背景往往不是金融专业，且员工的知识面、综合素质、社会阅历等都有较大差别。当其初入银行时，对于银行的历史、规章制度、岗位规范要求等全然不知，对于自身的岗位要求、工作特点等没有明确的认识和理解，银行因为急迫的用人需求只对其进行了简单笼统的岗前介绍，就将其匆匆派往岗位，派遣制员工只能靠自我摸索来学习。然而这种粗浅的学习往往导致该群体在工作中容易出错，一旦出错，银行的惩罚力度会比较大，而且要请顾客回来重新补办业务，碰到不配合的客户还要亲自登门去补办，这样一来工作开展会非常吃力，所以经常有刚入职几周的派遣制员工就办理离职。社会工作者应对该类员工进行社会倡导，呼吁银行对其加强业务培训，提升工作能力，培养职业忠诚，增强组织承诺。

七、督导点评

本案例选取了城市商业银行派遣制员工 W 作为服务对象，针对其较高离职倾向的问题，开展个案工作。以服务对象为代表的城市商业银行派遣制员工，普遍面临着一系列困境：工作流动性强，缺乏归属感，绩效考核压力较大，难以转正……服务对象个人还在工作和生活中缺乏与同事的互动，人际关系疏离，缺乏自信心和自我认同感，工作能力需要提升。为提升服务对象的安全需求、社交需求、尊重需求和自我实现需求，帮助服务对象摆脱面临的困境，实现更为公平的组织文化，社会工作者根据马斯洛需求理论与赋权理论，协助服务对象提升工资待遇，增加组织参与机会，拓展社会支持网络，加强人际交往，改善精神面貌，提升工作状态，建立理性认知，降低离职倾向。从服务结果来看，社会工作者服务成效较为显著，服务目标基本达成。可以说，本案例拓宽了企业社会工作理论的运用范畴，增加了企业社会工作的本土实务经验，探索了社会工作在企业服务中的应用场景，有利于改善劳动者的工作态度、组织认同感及工作绩效，提升劳动者的尊严、社会地位和社会认可度，营造组织的凝聚力、向心力和团队文化，促进组织的可持续发展与社会的公平和谐。

从服务过程来看，社会工作者在本案例中对服务对象的问题和需求进行了深入了解和分析，在此基础上较好地链接了相关资源，与服务对象所在的社区网点主管以及 J 银行人力资源部主管进行协调，并提出一系列的建议，如开展团建活动，提高薪酬福利，提供轮岗和创造参与活动的机会等，以帮助服务对象和其他具有类似处境的员工增强组织归属感和自我认同感。同时，社会工作者在服务中实事求是，坦诚地处理了服务对象的不合理请求。服务对象在参加个案工作前，原以为社会工作者可以为其打抱不平，帮助其加速解决转正问题，对社会工作者抱有不切实际的期待，这就充分考验了社会工作者的专业能力和专业素养。由于社会工作者服务前期对服务对象的预估和分析较为恰当，因此为服务对象厘清了更为实际的服务目标，将工作计划调整为对服务对象更为适切的内容，使得服务最终较为顺利地实现了预定目标。

当然本案例也有需要完善之处。由于服务开展时间有限，社会工作者每次都希望完成服务计划中的既定任务，在服务中显得有些急迫。同时，社会工作者因工作安排调离了服务对象所在的社区服务点，因此没有对服务对象进行定期回访和持续跟进，对于之后服务对象是否坚持工作岗位不得而知。今后应注意与服务对象保持更为长期的交流，以巩固个案工作的成果。

思考题：

1. 个案工作适合于解决哪些企业社会服务问题？
2. 派遣制员工与正式员工相比，常常存在哪些待遇差别？
3. 社会工作者能从哪些方面为派遣制员工提供服务与帮助？

参考文献：

[1] 亚伯拉罕·马斯洛. 马斯洛论管理 [M]. 邵冲，苏曼，译. 北京：机械工业出版社，2021.

[2] 郑铁. 个案工作实务 [M]. 2版. 北京：中国轻工业出版社，2021.

[3] 冯海芳. 基于马斯洛需求理论的新生代农民工劳动关系的构建 [J]. 安徽农业科学，2011，39 (26)：16285-16287.

[4] 李广平，司文涛. 劳务派遣用工市场异化：源起、辨析及路径推演 [J]. 理论学刊，2018 (6)：66-72.

[5] 刘立国. 试论社会个案工作核心服务过程的模式建构 [J]. 人民论坛，2013 (26)：53-55.

[6] 姚先国，冯履冰. 劳务派遣中的劳动者权益保护与实现路径 [J]. 浙江学刊，2021 (1)：98-105.

[7] MOBLEY，WILLIAM H. Intermediate Linkages in the Relationship between Job Satisfaction and Employee Turnover [J]. Journal of Applied Psychology，1977，62 (2)：237-240.

案例二

证券营业部员工工作压力的个案介入[①]

一、案例背景

长期以来，证券行业尽管外表光鲜，工作环境优越，员工收入不菲，但是市场的风云变幻、投资的高风险以及收入与绩效挂钩等现实因素，必然要求其从业人员具有较高的知识水平和技能，也必须承受着超乎常人的压力。这对刚步入职场的员工来说压力格外大，由此会引发普遍的焦虑不安等不良情绪。

（一）C 证券股份有限公司概况

C 证券股份有限公司是国内第一梯队的综合类证券公司，在上交所主板上市，其风险控制、经营管理和技术水平都是业内的佼佼者。C 券商拥有多层次客户服务渠道，旗下有众多子公司，包括投资有限公司、期货有限公司、基金管理有限公司等，同时，以香港公司为国际化平台，在韩国、新加坡和英国设立子公司，构建起国内、国际业务一体化的综合证券服务平台。其分公司遍布全国各地，且在国内设有 200 多家证券营业部。F 营业部（广州）是 C 证券公司旗下规模较大的一级营业部，人数多于其他一般营业部，职能部门相对齐全，经营范围主要包括证券经纪、证券投资咨询、财务顾问、证券承销与保荐、融资融券、证券投资基金代销，以及为期货公司提供中间介绍业务、代销金融产品业务、保险兼业代理业务等。岗位大类分为前

① 活动撰稿人：钟明文，指导老师：唐俊。

台、中台和后台，前台包括营销岗，中台包括服务与营销支持岗，后台包括柜台岗、人力岗和行政运营岗。

（二）个案背景

服务对象小超，25 周岁，福建厦门人，是家中的独子，父母为普通工人，都居住在厦门。小超本科毕业于广东某财经类高校（二本）金融专业，随即进入 C 证券公司 F 营业部工作，目前已工作两年半。在此期间内，小超做了一年半的客户经理后，又做了近一年的投资顾问。小超的工资由底薪和绩效两部分构成，底薪不高，所以要想获得理想的工资，不仅需要努力地开发客户，还要提供良好的咨询服务，维护客户关系。平时工作压力较大，有时会感到莫名其妙的焦躁不安，并出现失眠状况。

小超是个责任心很强的人，如果所做的工作出了差错会感到恐慌，担心自己的业绩比别人差或不能满足客户的要求，因此他不仅每天关注证券市场的动态，及时为投资者提供解答和投资建议，还要去开发潜在的客户。即使是在本该休息的周末时间，领导也会安排比较急促的工作。小超觉得每天的时间都是被工作围绕着，不能很好地平衡工作和个人生活，经常有疲惫感。他性格较内向，不擅长与人面对面交流，平时在公司与同事、领导沟通不顺畅，觉得自己不能很好地融入公司。而且随着大数据和人工智能的发展，越来越多的工作容易被取代，F 营业部引进了人工智能设备和一些精通大数据方向的人才，小超只是普通本科学历，专业知识学得并不深入，与同事相比，并无竞争优势。从工作前景来看，营业部的领导岗位较少，晋升空间不大。一旦遭遇经济不景气的状况，证券行业还容易裁员，小超对自己的工作前景很担忧，感觉会有失业风险。小超的父母一直希望小超在大学毕业后能回到厦门工作，能报考公务员或进入事业单位，有个稳定的、有编制的工作，且多次提醒以小超的工资在广州很多年都买不起房，父母也没有多余的钱可以资助，小超觉得无法与父母沟通，也不想打电话回家。小超在大学期间就谈了个家在广州本地的女朋友，女友毕业后也不想离开广州。两人经常因为生活的问题发生争吵，小超想通过努力工作，赚更多的钱来证明自己，但又因为工作忙，没时间陪伴女朋友，女朋友就对他常有埋怨。同时女友家也希望小超尽快在广州买房，两人能早日完婚。为此小超感到压力很大，焦虑得经常晚上睡不着觉。

二、需求评估

社会工作者在接案之前先收集了小超的一些背景资料，主要包括其家庭情况、学习经历、工作状况、生活状态、社会支持资源等。然后，分析小超目前所遇到的工作压力及其产生的原因。通过对小超基本资料的分析和日常的接触，社会工作者归纳了小超目前的几个主要压力源：一是工作负荷量大。工作任务重，自由时间较少且作息不规律。周一至周五经常要加班，周末也经常要服务客户，长时间处于精神紧绷状态，对工作失去了热情，产生了较为严重的职业倦怠情绪和内心枯竭的感受。二是外部竞争压力大。行业竞争压力明显，我国证券市场拥有 130 多家证券公司，1 万多家证券营业部，小超工作所在地广东省就有 1400 多家营业部，各券商纷纷展开市场角逐，且随着近年来监管越加严格，以往的业务模式更加规范化，开展工作需要更加谨慎，诸多压力转嫁给员工，使员工焦虑感严重。三是自身能力与素质有待提高。小超只是普通本科学历，且专业能力与素养并不突出。在职场竞争上，相对于其他同事的优势并不明显。且随着大数据和人工智能的发展，证券行业技术更新与组织变革较快，公司需要具备复杂知识和卓越技能的人才，当遇到经济不景气、股市低迷时期，业务能力普通的员工则很容易被裁掉，工作岗位易被替代。四是人际关系与沟通能力欠佳。小超性格内向，不善交流，与同事和领导之间的沟通不是很顺畅，关系一般，在公司的融入感较低。与父母和女友缺乏交流，缺少家庭支持和情感支持。总之，小超需要疏导心理压力，停止内耗，提升职场竞争力，平衡工作与生活。

三、服务计划

（一）理论基础

1. 压力理论

20 世纪中期，有“压力之父”之称的加拿大著名病理学家 Hans Selye（1956）指出，压力是“当外界刺激有机体时，身体为了满足它的需求而产生的一种非特定性反应”，这种反应也被称为一般适应综合征。之后，随着经济社会的发展，压力问题研究突破了医学、生理学和心理学范畴，而逐渐延伸至社会学和管理学等领域。1962 年，Caplan 开始在企业场景中讨论压力，深入分析了企业员工面临的相关压力，并认为其对员工的身心健康和企业的整体绩效产生了较为显著的影响，从而极大地推进了工作压力的研究。

综合来看，国外学者关于压力的学说可以归结为四类。一是 Lazarus（1978）等提出的刺激学说，强调压力是让员工产生焦虑不安情绪的一种客观的外界刺激和诱因。当压力超出了员工的承受能力，就会对其身心健康产生影响。该学说重点关注的是外界的压力来源，而没有考虑到员工个体间的差异性。

二是 Quick（1984）等提出的反应学说，认为压力是员工感知到外部刺激时所作出的无意识的、有规律的反应，是员工遭受工作环境等刺激时的主观意识和感受。该学说强调员工的个体反应，即个体对压力的主观感知结果，而忽视了压力的来源。

三是 Lazarus（1991）等提出的刺激-反应学说，也称交互作用学说。该学说综合了前两个学说，指出压力是外部环境与员工个体之间相互作用的结果，员工感知到了外界环境的刺激，并根据自身的个性特点对刺激作出评价并产生反应，二者间相互作用的结果会产生工作压力。此学说既关注到压力源，也考虑到了不同员工的差异性和认知评价，重点研究了外部刺激与个体反应之间的动态关系。

四是 Munz（2001）等提出的主体特征学说，认为当员工对自身的期待较高但个人的能力又无法完成工作任务时，就会产生压力。该学说强调了主体特征存在差异，不同特征的员工对同样的工作任务会感知到不同的压力，因此主体特征在压力产生的过程中起到了重要的作用。

本案例主要参照刺激–反应学说，希望调适小超个人对F营业部外部环境的认知和反应，通过开展有效的咨询与合理的引导，帮助小超进行适当的宣泄，使其调整自身的能力和状态，以更好地适应外部压力环境，保持良好的工作心态，防止其身心健康和工作绩效受到损害，促进个人的工作与生活达到和谐。

2. 社会支持理论

作为一种利他性社会行为理论，社会支持理论旨在通过构建并扩大社会成员的社会网络，借助社会网络为社会成员提供无偿的物质和精神帮助，从而协助社会成员满足某些需要，实现工作与生活的目标。在心理学领域，社会支持被认为是与个体身体健康有着某种关联的社会关系和社会资源，有利于个人解决日常生活中的各种问题，并促进身体健康和幸福感。Lin Nan（1986）对社会支持的定义可以说较为全面，他认为社会支持是亲密伙伴、社会网络和社区所提供的工具性支持和表达性支持。社会支持包括正式的社会支持和非正式的社会支持。前者主要由社会各类组织、社区、政府部门等主体提供，后者主要由依靠血缘和地缘关系的亲朋好友提供。

本案例中，社会工作者聚焦于为小超构建社会支持网络，通过F营业部为其提供正式的社会支持，父母及女友为其提供非正式的社会支持，帮助小超缓解职业压力。

3. 优势视角理论

不同于问题视角将解决问题的思路聚焦于改善服务对象自身的劣势和资源占有的稀缺状况，优势视角对服务对象持乐观态度，强调服务对象在服务过程中的主体地位，立足探索、发现服务对象所拥有的优势，为其链接可能的资源，相信服务对象凭借自身的潜力，能够战胜面临的挫折和困难，因此是对以往问题视角的重大颠覆。

优势视角的基本信念主要由以下几个部分组成：一是优势，相信每个服务对象在身体、外貌、智商、情商、学识、能力、经济实力、家庭背景等各方面，都存在一项或多项优势。二是赋权增能，即忽略服务对象的劣势与问题，同时给予服务对象应有的权利和机会，积极为其链接企业内外部资源，增强其权能。三是成员资格，个体总是类属于某个群体当中，从而取得某种成员资格，进而可以通过群体的力量，获取或开发所需的资源。四是抗逆力，即个体能够利用和挖掘自身优势和资源，克服面临的困难，最终解决问题[8]。

本案例中，社会工作者帮助小超认清自身优势，如责任心强、做事踏实、坚持不放弃等，并充当资源链接者、支持者和协助者的角色，动员小超家庭和单位的力量与资源，对其赋权增能，提高其抵御挫折和解决问题的能力，从而达到助人自助的目的。

（二）服务目标

由于服务对象的工作压力表现非常明显，且解除压力困扰的要求十分迫切，因此本次服务的总体目标在于有效缓解服务对象的工作压力，疏导恐慌焦虑等不良情绪，帮助其获得人际交往技能，树立专业信心，解决工作、人际关系和家庭因素的困扰，重塑对工作和生活的积极心态，平衡工作与生活。具体目标包括 3 项：一是从优势视角出发，帮助小超发现并挖掘自身潜力，找到自我价值，树立自信，努力精进业务能力；二是鼓励小超学习交际技巧，扩大交际范围，拓宽交际渠道，增强与人建立联系和交往的能力，克服社交恐惧，培养工作中的自信和团队合作能力；三是完善社会支持系统，改善小超与父母、女友、同事和领导的沟通模式，帮助小超获得他们的支持，促使小超在心态和行为上发生积极的转变。

（三）服务方案

本次个案工作拟开展 5 次介入服务，时间为每周日下午 3：00—4：00，所有服务前后历时两个月。介入地点在社会工作者所在社会服务机构的会谈室，该空间安全且不易被打扰，有利于服务对象在社会工作者面前开诚布公、畅所欲言。具体服务安排如表 1 所示。

表 1　个案服务安排

主 题	目 标	内 容	运用技巧
第一次 建立专业关系，梳理服务对象问题	1. 建立专业关系，澄清社会工作者角色；2. 社会工作者帮助服务对象分析当前面临的问题，厘清服务对象的工作与生活压力状况；3. 社会工作者了解服务对象当前压力水平	1. 社会工作者与服务对象建立平等信任的专业关系，社会工作者了解服务对象当前的困难，进行问题预估，评估其潜在需求，帮助其梳理现有的压力；2. 社会工作者与服务对象共同探讨个案工作的目标，制定活动规则；3. 服务对象填写 JSQ 工作压力源前测量表和 OSI 工作压力反应前测量表	感同身受； 专注； 倾听； 同理； 鼓励； 使用量表
第二次 提升职业素养，提高职场竞争力	1. 减少因能力素质、技术更新与组织变革、行业竞争压力等因素对服务对象产生的负面影响；2. 发现服务对象优势，进行能力提升，消解职业迷茫	1. 社会工作者鼓励服务对象寻找到自身优势，做好职业规划，发现短板，补齐短板，提高自己的综合素质；2. 社会工作者建议服务对象消除非理性信念，努力适应岗位要求	提供信息； 自我披露； 建议； 鼓励
第三次 改善人际交往技巧，拓展客户资源	1. 社会工作者帮助服务对象摆正心态，正确看待客户资源；2. 提升服务对象人际交往技巧，帮助其建立良好的同事关系	1. 社会工作者向服务对象提出拓展客户的建议；2. 社会工作者帮助服务对象建立有效的正式社会支持系统，通过鼓励其与同事朋友沟通来获得工作上的合理性建议	提供信息； 建议； 忠告； 鼓励； 澄清； 对焦
第四次 改善亲密关系，完善社会支持网络	1. 服务对象恢复家庭支持系统，实现家庭关系的和睦，获得父母的支持和关爱；2. 服务对象增进与女友的感情交流，获得女友理解和体谅，提升生活幸福感	1. 社会工作者与服务对象会谈，鼓励服务对象与家人加强沟通，增进亲密关系；2. 社会工作者与服务对象女友、父母电话沟通，协助服务对象理顺、增进与他们的感情	感同身受； 提供信息； 倾听； 同理； 建议； 忠告
第五次 回顾服务过程，肯定服务对象进步	1. 巩固个案工作效果；2. 鼓励服务对象勇于接受今后的挑战	1. 社会工作者回顾整个个案服务过程，肯定服务对象在服务过程中获得的改善；2. 社会工作者鼓励服务对象保持目前的良好状态，坚定目标，积极面对今后的人生；3. 服务对象填写 JSQ 工作压力源后测量表和 OSI 工作压力反应后测量表；4. 社会工作者与服务对象对本次活动进行评估	倾听； 鼓励； 建议； 忠告； 使用量表

四、实施过程

社会工作者介入初期主要是与服务对象建立友好互信的专业关系，让服务对象明白社会工作者能够给他提供哪些帮助，助力他解决哪些问题。介入中期主要是让服务对象依靠自身的力量，挖掘自身优势，努力改善不良处境，调整身心状态，寻找职业精进的方向，发展更为和谐的人际关系，从亲朋好友和领导同事中获得支持。介入后期主要是肯定服务对象在个案服务中呈现的变化与服务对象解决问题的能力，鼓励服务对象今后自信地应对工作和生活中的问题。

（一）介入初期

在社会工作者与小超的第一次正式会谈中，为了让小超感到放松，社会工作者在小超走进会谈室后就递给他一瓶矿泉水，以友好、尊重的态度示意他落座。在小超表示近期压力很大，工作节奏太快，总是难以入眠、情绪低落、恐慌、焦虑，注意力不集中，错误频发，工作态度懈怠后，社会工作者对其消极体验表示了安慰和接纳。为鼓励小超对服务充满信心，打开心扉，社会工作者承诺了为他保密的原则，解释了社会工作“助人自助”“服务对象自决”的基本理念，明确了社会工作的基本角色，以消除他的不安感。于是小超表示自己工作非常繁忙，“我每天都要关注市场动态，早上要参加晨会，要了解最新的市场情况，股市开盘后，要为投资者提供投资建议。有时候公司推出某个基金或理财产品，就要快速准确地掌握产品信息，以便推荐给合适的投资者。股市交易期间我需要不断接待客户，答疑和提供投资建议，以及开发潜在的客户。由于我的工资组成中，绩效占很大的比重，所以要想挣更多的钱，就要服务好客户。交易时间外，还需要培训学习，晚上还要复盘，上班时间没有规律。”同时，他还提到自己和同事、领导相处得不是很好，交流比较少，在单位存在感不强。与家人朋友的关系方面，他父母一直希望他回厦门找个稳定的工作，对他现在的状态并不满意，小超已经好几次没接他们的电话了。前段时间小超和女朋友也发生了争吵。而日常生活中他的朋友也不多，工作后，即使留在广州工作的大学同学，也都比较忙，没时间见面。

社会工作者对小超由于工作压力而产生的各种心理问题及其行为表现给予理解和接纳，采用同理心的社会工作技巧与其真诚交流。由于社会工作者比小超的年龄略大几岁，正好经历过小超的种种问题，更能与小超产生共情，因此有利于两人敞开心扉交谈，社会工作者对完成此次服务也较有底气。社会工作者澄清了服务的目标、彼此的希望和角色，与小超顺利建立了专业关系。社会工作者与小超共同厘清了压力的几个来源，主要是工作本身的负荷量、竞争压力、自身能力与素质、人际关系与沟通等。社会工作者引导服务对象小超可以采用适当的方式（如运动）宣泄不良情绪，并提供了一些有助于睡眠的方法（如听一些平和而有节律的声音，睡前饮用一杯热牛奶，调整好睡眠的光线、温度等环境因素等），释放部分压力，不要让自己总是处于紧绷状态。最后，社会工作者邀请服务对象填写了工作压力源（JSQ）前测量表和工作压力反应（OSI）前测量表，其中，JSQ 量表把工作压力源分为工作本身及负荷度、员工能力与素质、激励缺失、人际关系与沟通、角色需求、工作环境与氛围、竞争压力、技术更新与组织变革共 8 个维度，包含 31 个题目。总分值越高，代表员工的工作压力越大。OSI 量表包括与身心健康状况有关的 10 个题项，分数越高，代表员工的工作压力反应越差，身心健康程度越差。两个量表均采用李克特 5 级量表法。

（二）介入中期

第二次服务过程中，社会工作者发现服务对象具有较强的自我发展意识，具备自我提升的主动性与自觉性，于是引导服务对象寻找未来职业发展的方向。服务对象认为 F 营业部领导与管理层对于提升员工能力没有表现出足够的重视，而自己目前的业绩在同事中表现平平，缺乏优势，较不满意自身的现状，期待转岗去投行部或资管。但是证券营业部对员工的销售能力和研究能力要求很高，热门的岗位要求员工不仅要有相应的券商实习经历，还要具备名校硕士学历，对于机构业务岗，还需具备强大的人脉资源。服务对象由于学历不高，目前没有可能转岗，如能成为名校硕士则有希望，因此服务对象萌生了考研的想法。同时，服务对象还有个计划是考注册会计师，今后去会计师事务所工作。社会工作者鼓励服务对象充分利用自身做事有恒心、有决心，记忆力比较好，做事比较细心的优势，调动周边优势资源，与本科毕业院校老师联系，尽早拿到考研复习资料，争取一鼓作气考取中山大学的会计专业硕士研究生。而在日常工作中，应努力适应单位的加班文化，营销岗位面临的工作强度及指标压力，所在岗位对观察力、敏锐度、耐心及性格等要求，改变服务对象“任务指标没完成，说明自己能力不够，无法胜任岗位要求”的非理性信念，摒弃过度扩大化的归因模式及其造成的过激情绪反应，重塑自我，重新适应工作环境。同时，自主操控压力，将具有难度和挑战的活动和任务视为新的资源和支持系统，将负面的压力转化为正面的“磨刀石”，在其中不断战胜自己，实现个人的价值。

第三次服务过程中，社会工作者旨在改善服务对象人际交往技巧，帮助其建立良好的人际关系，拓展客户资源。服务对象告诉社会工作者证券行业属于服务性行业，客户就是营业部的“衣食父母”，客户的数量及客户掌握的资源决定了营业部的发展规模和员工的基本工资数额。前台员工是直接接触客户与面对市场的一线工作人员，他们最能体会到这个有限的市场所带来的残酷竞争压力，他们需要面对和争取各种特征的客户，掌握客户在投资过程中的心理和情绪变化。他们甚至还常常需要在道德和业绩之间作出选择，是为了更高的业绩而摒弃道德去“忽悠”客户，还是遵从道德，实事求是地为客户推荐合理的产品，由此经常会面临类似的两难选择。社会工作者鼓励服务对象利用自身记忆力强，对客户资料熟记于心的优势，同时观察和请教业绩好的同事的工作方法，敢于向客户推销自己，总结出一套适合自己的工作方法；并且澄清服务对象的困惑，为服务对象提出“风物长宜放眼量”的忠告，建议服务对象以真诚帮助客户且争取回头客为宗旨，对焦如何拓展客户的任务，多参加客户宣讲会，主动出击，广泛发动亲朋好友介绍潜在客户，并与潜在客户互加微信，逢年过节加强对客户的问候与拜访，耐心细致地了解每位客户的多样化和个别化需求，既帮助客户选择适合其自身风险偏好和资源水平的产品，又为自己建立在客户中的长期口碑而努力。

同时，社会工作者鼓励服务对象主动团结和帮助同事，突破内心的恐惧，勇敢迈出第一步，加强与领导和同事的沟通，虚心向领导和同事请教，大方与同事共享信息。社会工作者与服务对象分享了自己对如何融洽职场关系的看法，认为首先要夯实业务能力，提升实力，这是赢得领导和同事尊重的基础。其次要在平常的社交中锻炼待人接物的能力，多留心向职场经验丰富的老同事学习，懂得人情世故。

第四次服务过程中，社会工作者为了帮助服务对象改善亲密关系，完善社会支持网络，在充分倾听服务对象描述其与父母及女友的隔阂和矛盾之后，对服务对象夹在父母和女友中间，被“回厦门”和“留广州”两种声音牵扯的为难表示感同身受，对服务对象既想做好工作，又想尽孝，还想给女友幸福的想法给予了肯定，认为服务对象富有责任心，所以必须协调好多重社会角色。社会工作者同时现身说法，以自身刚进入社会时为到底是回老家还是留在广州发展，是先成家后立业还是先立业后成家而纠结的经历对服务对象进行自我披露，并且以自身如何最终坚定信心留在广州，如今已与大学女友进入婚姻殿堂的心路历程为服务对象提供信息，并对服务对象提出了建议和忠告，认为服务对象已是成年人，有能力也有责任为自己的人生（包括事业、感情等重大事项）作出选择。如果愿意坚持留在广州，则平常应在微信、电话中与父母加强联系，冷静、真诚地向父母表达自己对广州的热爱，还可邀请父母在即将到来的国庆节来广州游玩。对女友也应坦诚相待，表达自己能够理解对方的关心和小情绪，耐心将自己内心的想法和计划与对方分享和沟通，让对方了解自身的难处，并表示自己努力创造未来的决心。服务结束后，社会工作者分别给服务对象的女朋友和父母打了电话，向其说明了服务对象的困境，倾听了他们的想法，建议他们体谅服务对象本就充满压力的工作状态，给予服务对象有力的支持。

（三）介入后期

第五次服务过程中，社会工作者回顾了整个活动过程，肯定了服务对象能够围绕提高个人就业竞争力，融洽人际关系作出了种种努力，充分利用自身优势，明确了职业发展方向，加强了与领导、同事的互动，改善了亲密关系的质量，拓展了社会支持网络。社会工作者鼓励服务对象保持目前的状态，坚定目标，勇于接受今后的挑战。接着，社会工作者邀请服务对象填写了工作压力源（JSQ）后测量表和工作压力反应（OSI）后测量表，并对个案工作的效果、社会工作者的态度、方法和技巧进行了评估。最后，社会工作者向服务对象表明根据服务对象目前的状态和量表的结果，可以判断其压力有较为明显的减轻，个案服务将告一段落，当然如果后续需要帮助，社会工作者仍然会给予服务对象积极的帮助。

五、总结评估

（一）过程评估

介入初期，服务对象在浏览网页时发现可以到社会服务机构来寻求社会工作者帮助，于是非常积极地上门求助。在第一次面谈时，服务对象详细描述了工作和生活中遭遇的问题，并表达了愿意配合社会工作者服务和改善问题的迫切愿望。社会工作者认为尽管服务对象内心充满了受挫感，但所幸的是，服务对象并不安于现状，而是主动寻求社会工作者帮助，期待自身状态得以改观，因此社会工作者顺利接案，与服务对象建立了平等友好的专业关系，双方共同明确了服务目标，厘清了服务对象的需求。

介入中期，服务对象在社会工作者的帮助下，焦虑情绪得到了初步稳定，且按照服务契约，对近期看待问题的角度和行为处事的方法进行梳理和反省，充分挖掘自身优势和资源，呈现出积极的态度和行为，每一次服务后的情况都有所改进，在社会工作者的及时肯定中，增强了解决问题的自信心。服务对象在设定职业发展目标后，坚定了将攻读硕士学位作为知识技能更新迭代的机会，加强工作动力与职业信心的决心，表示不会放弃。同时，服务对象正视难以抉择和很难沟通的状况，在社会工作者的建议下，勇敢地与上级和同事交流，尽力克服社交恐惧，按照服务契约，每两个星期至少参与一次社交活动。社会工作者服务期间，吃饭的时候同事也开始邀请服务对象一同前往，服务对象与同事午餐时也进行了一两次愉快的交谈。服务对象还向父母和女友倾诉了自己所面临的困难和为将来所做的准备，为自己赢得了支持。

介入后期，服务对象获得了家庭支持和情感支持，整个人轻松了很多，女友比以前更加关心他，国庆节还和他共同接待了从厦门来广州旅游的小超父母，一家人其乐融融。由于生活上服务对象的压力有所减轻，服务对象更加专注于工作并投入了更多的精力，减少了消极情绪，增强了对单位的归属感。服务对象在对本次个案服务进行总体评价时，表示自己拥有了正向的辅导体验，社会工作者的姿态非常平等，态度也很认真，显示出较为专业的服务水平。

社会工作者对本次个案介入活动进行了自我评估，认为在介入过程中，社会工作者充分尊重服务对象自决原则，对服务对象进行接纳和同理，秉持优势视角，挖掘服务对象的潜力，并按照助人自助的理念，鼓励和支持服务对象培养独立解决问题的能力。本次服务在分阶段完成具体目标的过程中，结合服务对象的具体境况，关注到了服务对象在每次活动后的变化，给服务对象提供了富有针对性的干预。服务对象能够充分信任社会工作者，坦诚表达自身的想法，并善于倾听社会工作者的建议，取得了较为明显的进步。

（二）结果评估

本次个案介入取得了较为明显的效果，达到了预期服务目标。服务对象减少了负面情绪，释放了工作焦虑，改善了睡眠状况；同时明确了职业发展路径，发掘了个人优势，树立了职业目标；提高了人际交流与沟通技能，与家人、同事和领导相处逐渐融洽，缓和了家庭和感情矛盾，减轻了关系中的厌烦和不适，获得了情感支持，组织归属感也相应增强。

压力测量前后测结果表明服务对象的状况已经有了一定程度的好转，服务目标基本达成。根据表 2 服务对象工作压力源 JSQ 量表与工作压力反应 OSI 量表前后测得分对比，可以发现服务对象的压力有较为明显的减轻，其中服务对象工作压力源的均值得分由 3. 57 分下降至 3. 19 分，工作压力反应得分由 3. 76 分下降至 3. 33 分。

表 2　服务对象工作压力源 JSQ 量表与工作压力反应 OSI 量表前后测得分对比（分）

变量	维 度	前测得分	后测得分
JSQ	工作本身及负荷度	3.83	3.12
	自身能力与素质	4.01	3.65
	激励缺失	2.88	2.83
	人际关系与沟通	3.90	3.23
	角色需求	3.35	2.97
	工作环境与氛围	2.64	2.45
	竞争压力	4.12	3.90
	技术更新与组织变革	3.89	3.42
	总体均值	3.57	3.19
OSI	工作压力反应	3.76	3.33

六、专业反思

首先，从本案例的干预结果看，个案工作介入证券公司营业部员工压力问题较为可行。由于在证券公司中，员工之间很少相互透露或讨论个人的职业压力、人际关系等比较私密的话题，因此当员工遭遇相关问题的困扰时，直接向领导和同事求助则有很强的不安全感。而个案社会工作采取一对一的服务模式，社会工作者会对服务对象信息和会谈内容进行保密，因此容易与服务对象建立起彼此信任的专业关系，服务对象会觉得社会工作者不会暴露自身的隐私，是可以寻求帮助的可靠对象。同时，由于服务对象是一个员工，服务易于聚焦，社会工作者能充分关注员工的情绪变化和行为反应，及时调整服务策略。

其次，本案例中，个案社会工作介入也存在着不足。服务过程中社会工作者容易依据自身的专业知识和工作经验，对服务对象施加个人的伦理价值观，从而忽视了价值中立原则。如服务对象曾因为和父母吵架想终止本次服务，社会工作者自然联想到服务对象的沟通能力和抗逆力较差而对服务对象产生失望的情绪，幸好在给服务对象父母打电话后，发现是其父母提出如果服务对象不回厦门就和他断绝关系的说法深深伤害了服务对象的感情，于是社会工作者与服务对象父母进行了深度沟通并耐心劝说服务对象，服务对象才肯继续接受下一阶段的服务。今后社会工作者应经常接受专业督导的指导且参加相关的实务训练，不断提升实践水平和能力素养，完善自己的知识系统。

七、督导点评

本案例是企业社会工作者对 C 证券股份有限公司 F 营业部员工开展的一次缓解工作压力的个案介入服务。在金融市场激烈的竞争环境下，证券公司营业部的员工承受着超负荷的工作压力，不仅容易引发员工不同程度的职业倦怠，而且影响员工的身体健康和社会关系。本案例的服务对象小超是一位家庭背景和个人资质都较为普通的年轻人，对工作产生了比较严重的焦虑情绪，在处理与同事、父母、女友的人际关系方面也遭遇了一定的阻力，在证券公司营业部员工中具有一定的代表性。以服务对象为代表的该类员工有着多方面的需求，如释放压力，处理负面情绪，提高自我认同感，融洽人际关系等，因此需要社会工作者和组织管理者综合各方面的资源，常态化对其进行压力疏导。

本案例的社会工作者选取了压力源相关理论与社会支持理论、优势视角理论作为个案服务的理论基础，运用了专注、倾听、同理心、鼓励等支持性技巧，澄清、对焦等引领性技巧，以及提供信息、自我披露、建议、忠告等影响性技巧，5 次个案服务实施过程较为顺畅，分阶段地完成了具体目标。社会工作者顺利地与服务对象建立了专业关系，确认了每一个压力源，共同制订了符合服务对象具体情况的介入计划，引导服务对象采用适当的方式宣泄不良情绪，释放部分压力，鼓励服务对象用积极的心态找回自信，以面对目前的困境。在介入的过程中，社会工作者以服务对象自决为前提，鼓励服务对象积极参与，充分发掘服务对象的各种优势资源，结合服务对象目前的境况，给服务对象提供有效、合适的干预，使其尽可能地放下心理防备，消除外界因素的干扰，充分表达自己的想法，其取得的进步得到了社会工作者的肯定和鼓励。

虽然本案例取得了不错的效果，但是有些问题还需要改进，主要体现在个案服务的次数偏少，内容有些单薄。由于金融行业的特殊性，证券公司营业部员工的工作压力较一般企业员工要更大；加之服务对象非常年轻，阅历较少，要缓解他的压力需要一个较为系统的介入过程。相对服务对象自身的状况而言，本次个案活动的服务进度较快，安排的服务内容较为粗浅，介入容易流于表面化。如果社会工作者有更丰富的个案工作经验且能提供更多的资源，则应放慢服务的节奏，开展更为深入细致的服务，给予服务对象更为扎实有效的支持。

思考题：

1. 相比其他行业，证券营业部工作人员的工作压力突出体现在哪些方面？
2. 从社会支持理论出发，服务对象存在哪些支持不足之处？
3. 如何在个案工作中帮助服务对象挖掘自身的优势和潜力？

参考文献：

[1] 张文霞，朱冬亮．家庭社会工作［M］．北京：社会科学文献出版社，2015.

[2] CAPLAN R D. The Mechanisms of Job Stress and Strains［M］. Chichester：Wiley，1962.

[3] LAZARUS R S，LAUNIER R. Stress and coping：An Anthology［M］. New York：Columbia University Press，1978.

[4] LIN NAN. Social Support Life Events and Depression［M］. FL：Academic Press，1986.

[5] QUICK J C，QUICK J D. Organizational Stress and Preventive Management［M］. New York：McGraw-Hill，1984.

[6] SELKE H. The Stress of Life［M］. New York：McGraw－Hill Book

Company，1956.

[7] SALEEBEY D. 优势视角：社会工作实践的新模式 [M]．李亚文，杜立婕，译．上海：华东理工大学出版社，2004.

[8] 王泽莉，康永征．优势视角下社会工作介入农村精准扶贫的模式探究 [J]．社会观察，2019 (9)：75.

[9] LAZARUS R S. Psychological Stress in the Workplace [J]．Journal of Social Behavior and Personality，1991 (6)：1-13.

[10] MUNZ D C，KOHLER J M，Greenberg C I. Effectiveness of A Comprehensive Worksite Stress Management Program：Combining Organizational and Individual Interventions [J]．International Journal of Stress Management，2001，8 (1)：49-62.

[11] TOLSDORF C. Social Network，Support and Coping：An Exploratory Study [J]．Family Process，1976 (15)：407-417.

案例三

城市商业银行新任柜员职业适应困境的个案工作介入①

一、案例背景

城市商业银行是我国商业银行体系中的重要组成部分，经过 40 多年的改革与发展，在国民经济中的地位不断提升，且在诸多方面发挥了重要作用：推行差异化金融服务，弥补区域金融服务空白，支持地方经济发展，履行社会责任等。近年来，随着我国经济步入新常态，金融监管加强，新技术不断升级和供给侧改革的日益深化，银行业经营竞争日益激烈，加之互联网金融强势崛起和外资银行逐步引入等因素的冲击，城市商业银行总体经营环境受到了较大的影响，传统金融行业遇到了新的难题和全新考验：客户流失率偏高，科技力量薄弱，同质化竞争严重，人才发展落后等，这一系列发展性问题日益显现，客观上加快了城市商业银行转型升级的步伐。

在这种背景下，城市商业银行对内部员工的业绩要求和考核标准与日俱增，金融监管及服务工作的规范性和标准化要求、来自组织多层级的控制、长期繁重的工作任务容易消磨员工的工作积极性，影响他们的工作成就感。新员工要适应严苛的职场要求更加困难，尤其是工作任务重复、内容枯燥的柜员工作对新入职的员工是一种身心的双重考验。新员工对环境、工作及个人发展往往缺乏正确定位，社会经验欠缺，职业角色模糊，现实与理想差距

① 活动撰稿人：孟然，指导老师：邹勇文。

较大等因素使他们对工作的目标感不够清晰，价值感普遍不高。因此，对该群体加强关注和帮扶，成为企业社会工作不可忽视的重要课题。本案例以S城市商业银行（以下简称“S银行”）遭遇较为严重职业适应困境的新入职员工为服务对象，通过个案工作介入，协助其逐步提升自我潜能，最终走出困境。

（一）S银行概况

S银行成立于2000年，2018年在香港联交所主板上市，为全国第二家、中部第一家联交所主板挂牌上市的地级城市商业银行。截至2022年3月末，银行有员工5390人，下辖13家分行、9个事业部管理机构，开设网点280余家，资产总额突破4600亿元，连续8年纳税超10亿元。在全球权威杂志英国《银行家》“2021年全球银行1000强榜单”中，居全球银行第331位，中国银行业第57位，主体信用连续3年被评为AAA级。从2010年起，S银行连续6年荣获“全国银行业金融机构小企业金融服务先进单位”的称号，是全国首家加入“香港绿色金融协会”，正式签署联合国《负责任银行原则（PRB）》的城商行，且发布了全国首个绿色票据成果。由于S银行正处于发展阶段，每年都会招聘大量的新人入职，丰富且高效的人力资源，是该行保持稳健经营的基础所在。

（二）个案背景

S银行F分行现有员工约400人，2018年9月末至2019年9月末，新入职员工约30人。社会工作者在对这30名员工进行SCL-90心理健康症状测量之后，发现一名员工小K的测量结果为257分，为所有入职者中的最高分。根据全国常模结果，小K存在着较严重的心理问题。于是社会工作者向小K的部门负责人提出了开展个案介入的计划，征得了对方的同意。

小K，男，23岁，大学本科毕业，通过社会招聘与他的15名同学同时入职S银行F分行。小K被分配在一线柜员岗位，每天上班9~10小时，一举一动都在摄像头监控下，工作强度大，内容枯燥乏味，临时性任务较多，节奏快，休息时间短。工作3个多月以来，小K时常处于神经紧张状态，精神压力很大，感到不快乐。他渴望向他人倾诉苦恼，但同事各自忙于手头业务，对他爱搭不理，使其很难找到可以交流的人。同时，由于新员工薪酬较低，基本工资少且暂无绩效收入，小 K 每月入不敷出。他时常感觉工作待遇欠佳，前途渺茫，与当初的理想存在较大偏差，从而怀疑自己的人生价值。

疲劳感和较大的心理压力使小 K 身体出现了不适，加上经常因临时性任务而不能按时吃饭，引发了偏头痛和慢性胃炎，并伴有长期失眠。这直接导致小 K 上班时状态低迷，工作不够专注，与客户沟通缺乏耐心，业务办理流程中屡次出错。半个月前，他在工作中发生了失误，被客户投诉，领导开会时点名批评了他，并进行了罚款。小 K 认为因为自己来自农村，没有背景，所以被领导和同事看不起，感到非常委屈和郁闷，觉得工作和生活都没意思。

小 K 从小由爷爷奶奶抚养长大，父母常年在外务工，与他联系不多。近年来，小 K 父母年纪大了，就回了老家，在家附近打零工。小 K 上班后，由于工作节奏快，他与同事之间交流很少。因业务上屡次犯错被领导批评，所以小 K 与领导关系也比较紧张。而同时入行的同学也分布在不同支行的不同岗位上，平时大家联系也很有限。因经济拮据，且社交圈有限，业余时间他极少参加娱乐活动。即使小 K 有想与他人进行沟通交流的意愿，却总是无法实现。单位工会将小 K 介绍给社会工作者以获取帮助。

二、需求评估

对小 K 自身情况及所处环境进行综合分析，社会工作者预估他存在如下需求。一是恢复身体健康。小 K 患有偏头痛、慢性胃炎、长期失眠等疾病，这些生理疾病与其过大的心理压力有关，如不能尽快处理，将与心理问题互为因果，构成恶性循环，造成生理和心理的双重困境。

二是纾解负面情绪。小 K 从学生身份向银行新任柜员身份转变的过程中，没有做好应有的准备。银行新任柜员承受的工作压力，包括业绩考核、服务考评等，要比学生时代的课业压力重得多。小 K 自身的抗压能力不足，难以应对持续不断的工作压力，导致其情绪低落，精神状态不佳。

三是树立理性认知。小 K 存在明显的非理性认知，突出表现在对领导的错误判断中。面对领导的批评，他认为是领导因为自己的农村身份和没有背景而瞧不起自己，从而会针对自己，甚至处罚自己。他没有意识到自身的工作失误而非身份歧视才是领导批评的最终根源。

四是加强人际沟通。小 K 没有在工作中与身边的同事进行有效沟通，不敢向领导、同事请教工作中遇到的问题，导致自身的工作能力增长缓慢。他自小没有建立恰当的家庭沟通模式，与家人的关系比较淡漠，家庭的情感支持功能有限，很难通过家庭渠道舒缓负面情绪。与同学的交流也很少，同辈群体的社会支持网络没有建立起来，使其无法获得必要的同辈群体支持。小 K 的人际沟通状况削弱了他从不同群体获取社会支持的可能性，使其在工作中积压的负面情绪得不到宣泄，对工作和生活造成了不良影响。

五是进行职业规划。小 K 在就职前没有对柜员岗位进行必要了解，导致其对银行工作有着不切实际的预期，现实在理想的对照下显得非常残酷。而入职后没有对自己的职业生涯进行科学规划，工作中遭遇的挫折则进一步加剧了理想与现实的鸿沟，使自己的处境更为被动。

由于小 K 的问题涉及心理、生理等多个维度，且存在互相影响的复杂关系，因此社会工作者采取个案工作的方式予以处理，秉持个别化、接纳与非评判的原则，帮助服务对象应对当下的危机，同时善用社会资源，挖掘潜能，为适应职场环境做准备。

三、服务计划

（一）理论基础

1. 职业适应理论

职业适应主要指员工与特定的职业环境不断互动、调整以达到和谐的过程[9]，它被认为是一种心理状态，是员工在变化的职业环境下自发调节资源配置以修正自我社会整合的过程[11]。职业适应一般包括关注、控制、好奇和自信 4 个方面[12]，这 4 个方面共同帮助个体完成职业任务。影响职业适应的因素有个人特质、心理状态、文化信息、社会地位的主观认知和工作意志等[10]。研究表明，员工的不适应将会导致员工低工作满意度、低工作绩效、高离职率和低职业承诺等负面结果[3-4]。本案例中，社会工作者意识到服务对象小K作为新员工，遭遇了比较明显的职业适应困境，严重影响了其心理和生理健康，希望帮助服务对象找出问题的根源，使其尽快恢复正常，从而避免更为严重的后果。

2. 优势视角理论

美国堪萨斯大学社会福利学院教授Saleebey（2004）在《优势视角：社会工作实践的新模式》一书中系统阐述了优势视角理论，认为困境中的服务对象容易将注意力聚焦在自己的问题上，进入“损害”模式的死胡同，认为很难实现自我恢复，进而致使结果每况愈下，社会化越加困难。优势视角认为每个人都有一定的潜能，都具备独特的内在优势，有利用他们自身的资源来改变自身的能力。因此要求社会工作者相信服务对象具有改善的可能性，并动员服务对象借助各种资源实现目标。社会工作者在介入服务对象的过程中，要充分探索服务对象本身及其周边环境中的优势和资源，帮助服务对象利用优势和资源应对遭遇的挫折，尽一切力量摆脱困境，达成自己的目标。本案例中，社会工作者利用这一理论，帮助小K发现自己的独特优势，挖掘应有的潜力，最终实现助人自助，帮助小K走出困境。

3. 社会支持理论

20世纪70年代，社会支持作为一个学术用语被提出，指的是个体从他人或社会网络中获得相应的支持性资源，用于解决个体遇到的各类生活问题。随着研究的进一步深入，社会支持理论出现了4种主要的理论取向：功能主义取向、结构主义取向、社会互动取向与主观评价取向[8]。无论何种取向，社会支持理论最终都指向一个共同的理解，即“通过整合可利用的社会资源，激活可及的支持照顾网络，为弱势群体或亟须帮助的群体提供全方位、动态的照顾保护网络，帮助其恢复社会化特定的角色”。该理论认为，个人的生活质量与社会支持的力度紧密相关，个人拥有的社会支持网络越广，就越容易获取更多的资源和力量去应对各种挑战，生活质量就越高，反之亦然。本案例中，社会工会者可以利用社会支持理论，帮助小K重构自身社会支持网络，增强其解决自身问题的支持力度。

4. 理性情绪理论

美国学者艾利斯最早提出理性情绪理论，认为人们的认识和信念是情绪的主要来源[1]，并指出那些我们一直不断对自己讲的话就是或者可能会变成我们的思维和情感，所以一个人的日常生活经历或实践中形成的、积累的错误信念往往会给个人带来一些行为问题以及无法摆脱的不良情绪。理性情绪理论的基础论点为“ABC”理论，艾利斯指出人们不仅因为生活中发生的不幸的逆境“A”而沮丧，而且还因为他们的信仰、感情“B”而抑郁[6]。虽然理性情绪理论承认信念、情感和行为之间的相互依赖，但人们很可能会被这三种现象在“ABC”框架下属于“B”的概念所迷惑，人类的许多不快乐都是由一个人对事物的看法造成的，理性情绪理论的重点在于改变求助者的信念系统[7]。为此，艾利斯总结出了 11 种非理性信念，提出了 4 个基本治疗环节，首先是对心理状态的一种诊断，然后是达成一定的理解并提出有效的修复措施，最终是辅助与再教育[5]。本案例中，社会工作者借助理性情绪理论，帮助小 K 梳理和厘清认知结构中的非理性信念，通过反思和练习不断转化信念系统，建立起合理的认知系统，从而达到消除自身压力的目的。

（二）服务目标

本次服务的总体目标在于从服务对象的情绪纾解、人际沟通等方面着手，帮助服务对象摆脱职业适应困境，使其尽快从容面对工作岗位。具体目标包括 5 项：一是协助小 K 恢复身体健康。帮助小 K 进行身体调适，控制病情，争取逐渐缓解和治愈现有疾病。二是纾解小 K 的负面情绪。通过心理辅导、社会支持等多种途径，帮助小 K 纾解多种因素造成的不良情绪，振作其精神，以更积极的心态面对工作和生活。三是扭转小 K 的非理性认知。通过理性情绪治疗模式，帮助小 K 认清自己认知结构中的非理性部分，消除它对自身的负面影响，进而重塑合理的认知框架。四是改善小 K 的人际关系。协助小 K 改善与周围人群的关系，尤其是与父母、领导的关系，使其建立起必要的社会支持网络，应对工作中可能出现的各种压力。五是帮助小 K 进行职业生涯规划。整合银行现有资源，充分利用领导、同事等社会支持网络，帮助小 K 优化职业生活规划，明确其奋斗目标，唤起其内生动力。

（三）服务方案

本次个案工作拟开展 12 次介入服务，时间为 2019 年 8 月 25 日—2019 年 12 月 7 日，每次服务时间为 1 小时，服务前后历时近 4 个月。绝大多数情况下，介入地点都安排在服务对象工作单位的员工休息室，对于服务对象而言比较方便，且服务均在下班时间开展，休息室里只有服务对象与社会工作者两人，不易被打扰，有利于建立相互信任的关系。具体服务安排如表 1 所示。

表 1　个案服务安排

主题	目标	内容	运用技巧
第一次 建立专业关系	1. 社会工作者掌握服务对象基本信息；2. 社会工作者取得服务对象的初步信任；3. 社会工作者为与服务对象顺利建立专业关系做铺垫	1. 社会工作者向服务对象表明身份，说明具体来意，并向其告知社会工作者工作的专业性质及保密原则；2. 社会工作者了解服务对象当前的工作状态和心理状态，初步厘清其面临的问题；3. 社会工作者努力获得服务对象好感，积极争取下周的第二次面谈	制造气氛；积极主动；观察；专注；倾听；同理；鼓励
第二次 探索服务对象需改善的问题	1. 社会工作者观察服务对象工作状态；2. 社会工作者与服务对象共同探索需改善的问题	1. 社会工作者参与式观察服务对象的工作过程，发现服务对象处于工作倦怠和心理脆弱的状态中；2. 社会工作者从服务对象身体和精神状态切入，与服务对象讨论近期的工作和休息状况；3. 社会工作者与服务对象订立服务契约	积极主动；观察；专注；倾听；澄清
第三次 分析服务对象职场人际关系	1. 消除服务对象人际交往障碍；2. 改善服务对象职场人际关系	1. 社会工作者通过询问服务对象同事，侧面了解服务对象在职场中的人际关系；2. 社会工作者与服务对象共同分析同事关系疏离的原因，摒弃服务对象的非理性信念；3. 明确下一阶段的工作任务，即服务对象疏导现有压力和不良情绪，改善人际关系，加强与人沟通的技巧	启发式对话；鼓励；倾听；澄清；检查；识别；辩论
第四次 分析服务对象家庭关系情况	1. 社会工作者完善服务对象家庭信息；2. 社会工作者了解服务对象家庭关系情况	1. 社会工作者鼓励服务对象讲述成长经历；2. 社会工作者倾听服务对象讲述家庭关系，引导服务对象思考如何提升与家人的亲密感和融洽度	倾听；专注；鼓励；建议

续表

主 题	目 标	内 容	运用技巧
第五次 增进服务对象家庭关系	1. 社会工作者了解服务对象家庭的沟通模式；2. 社会工作者帮助服务对象获得父母支持	1. 社会工作者与服务对象父母沟通，了解父母相互之间以及与服务对象、服务对象爷爷奶奶之间的沟通模式；2. 社会工作者建议服务对象父母给予服务对象更多关心和体谅，与服务对象爷爷奶奶进行更多沟通，营造和谐亲密的家庭氛围	倾听； 建议； 忠告
第六次 提升服务对象业务技能	1. 服务对象树立好学积极的心理状态；2. 提升服务对象的职场融入水平	1. 社会工作者协助服务对象树立积极上进的工作态度，提升自信；2. 社会工作者建议服务对象遇到问题要大胆向经验丰富的老员工请教	建议； 鼓励； 忠告
第七次 建议银行加强人性化管理	1. 银行管理层掌握基层柜员思想动态；2. 促使银行加强人性化管理	1. 社会工作者将基层柜员的工作压力向银行管理层进行反馈；2. 社会工作者积极与银行管理层沟通，为银行加强人性化管理提出相关建议	澄清； 建议
第八次 挖掘服务对象兴趣爱好	1. 服务对象挖掘特长爱好；2. 服务对象将爱好发展为解决压力和社交的手段	1. 社会工作者了解服务对象具有打篮球的特长；2. 社会工作者建议服务对象通过组织同学、朋友和同事打篮球释放压力，强身健体，丰富生活，结交人脉	观察； 倾听； 鼓励； 建议
第九次 观察服务对象工作状态变化	1. 社会工作者了解服务对象的工作状态；2. 社会工作者观察服务对象在接受服务后工作态度的转变	1. 社会工作者发现服务对象的工作状态较之前更加积极；2. 服务对象表示要抛弃负面情绪和非理性认知；3. 社会工作者鼓励服务对象与领导沟通，保证会努力工作，尽量不出错	观察； 鼓励； 建议
第十次 观察服务对象人际关系变化	1. 社会工作者了解服务对象的人际关系状态；2. 社会工作者了解服务对象为改善人际关系作出的努力	1. 社会工作者了解到服务对象近期组织了同学和同事打篮球，并因此增强了自信心，加强了人际交往；2. 社会工作者鼓励服务对象继续努力，以获取更多社会支持	倾听； 鼓励； 建议
第十一次 了解服务对象家庭关系改善情况	1. 社会工作者了解服务对象与其父母的交流方式；2. 社会工作者判断服务对象目前与其父母的关系态势	1. 社会工作者走访服务对象家庭，观察其家庭成员间的互动模式；2. 社会工作者了解服务对象与父母的交流频率，判断其父母对服务对象的支持程度	观察； 倾听

续表

主 题	目 标	内 容	运用技巧
第十二次回顾个案过程	1. 服务对象巩固在服务中获得的成长；2. 服务对象进行未来职业规划和展望；3. 服务双方对个案工作进行评估	1. 社会工作者与服务对象进行最后一次会谈，帮助服务对象回顾接受服务以来的收获和改善；2. 服务对象考虑未来的职业规划问题，提出考取若干行业证书的想法；3. 社会工作者与服务对象对介入活动的效果、工作方法和技巧进行评估；4. 服务对象填写SCL-90心理健康症状自评后测量表	倾听； 鼓励； 建议； 忠告； 使用量表

四、实施过程

社会工作者介入初期主要是收集小 K 的信息，与其建立良好的专业关系，评估小 K 的问题，让他明白社会工作者的职能，并约定接触的次数与方式。介入中期主要是采取危机干预模式与理性情绪治疗模式，将干预目标锁定于：在有限的时间内快速有效地帮助小 K 缓解工作和生活方面的焦虑，使其摆脱新入职遭遇的危机，改善不良处境，调整身心状态，恢复健康；消除负面情绪影响，建立理性认知；增进与家人、领导、同事的交流互动，发展更为和谐的人际关系；加强职业生涯规划，寻找职业发展方向。介入后期主要是帮助服务对象巩固在个案工作中取得的成果，从而使其能够对当下的工作应对自如，更加积极地加以面对。

（一）介入初期

社会工作者在接案后，对服务对象进行了预估，判断了服务对象存在的主要需求。在此基础上，社会工作者约小 K 进行了两次面谈，主要目的是进一步确认预估结果，与小 K 一起制订后续介入方案。在面谈时，社会工作者遵循价值中立、尊重包容、服务对象自决、知情同意等社会工作专业理念，充分利用关注、主动倾听、同理心、鼓励支持、澄清、对焦等社会工作专业技巧，期待取得小 K 的信任，获得更多关于小 K 的信息，希望与小 K 建立彼此信任的专业关系。

第一次面谈时，社会工作者为了制造轻松、温馨的会谈气氛，主动上门，将与服务对象见面的地点选择和安排在小K熟悉的单位员工休息室，并以积极主动和友善亲切的态度承诺为服务对象保密的原则，鼓励小K打开心扉，减轻紧张和不安感。为促进专业合作关系的建立，社会工作者旨在建立有利于双方自由表达的关系模式。社会工作者在面谈中，发现小K是一个性格内向、非常不善于表达自己的职场新人，长久积累的压力已经让他非常不自信，在交谈时多次唉声叹气，对未来充满了悲观情绪，改变的正向动机不强。社会工作者通过给予小K必要的情感支持，鼓励他勇敢面对问题，并表示愿意和他一起找寻解决问题的方法，最终解决现在面临的各种问题。小K对社会工作者的支持反馈迟缓，难以摆脱负面情绪的影响，且多次表示身体不好，不知自己还能在S银行工作多久。社会工作者邀请小K一起评估自己面临的问题，思考解决问题的方案，但小K的参与性不高。尽管如此，社会工作者在这次面谈中始终给予小K鼓励、支持等正面反馈，争取在情感上与小K取得一致。在面谈结束时，社会工作者积极争取下周与小K进行第二次面谈。小K基本同意尝试参与后续的服务，并和社会工作者互加了微信。

接下来的一周内，社会工作者通过微信主动与小K进行了持续沟通，了解他的日常工作和生活状态，倾听他的需求，鼓励服务对象发掘生活中美好的一面，为第二次面谈奠定了良好基础。第二次面谈开始前，社会工作者来到小K的工作环境进行观察，发现服务对象工作倦怠和心理脆弱的状况较为严重。面谈时，社会工作者从服务对象身体和精神状态较差这一方面进行切入，与服务对象讨论近期的工作和休息状况，建议小K可以采用适当的方式宣泄不良情绪，如进行运动等；并提供了一些有助于睡眠的方法，如平时加强锻炼，早起早睡，睡前听一些平和而有节律的声音，并饮用一杯热牛奶，调整好睡眠的光线、温度等环境因素等。接下来，社会工作者和小K一起梳理了小K的问题和需求，小K的消极情绪有所减弱，表示愿意尝试运用社会工作的方法解决自己的问题，在澄清了小K的目标、彼此的希望和角色后，二人在后续介入方法上取得了初步一致，双方订立服务契约。应该说，通过两次面谈，社会工作者和服务对象已经建立了比较好的专业关系，为后续工作奠定了良好基础。

（二）介入中期

第三次服务过程中，为消除小 K 的人际交往障碍，帮助他改善与同事之间的人际关系，社会工作者走访了小 K 的多名同事，选用启发式对话的方式与其同事进行沟通，就小 K 在职场中的人际关系询问其同事，倾听同事对他的真实看法和态度，了解到在同事眼中，小 K 比较孤僻，很少参与同事之间的非正式聚会，但同事并没有刻意地排斥他，只是不太与他接近。接下来社会工作者与小 K 面谈，发现小 K 存在着“领导与同事对我的农村出身有身份歧视”的非理性信念，这其实是小 K 的过分敏感。通过深入交流，社会工作者发现这种非理性信念与他早年经历有关，他小时候曾因为出身农村，而在县城读书时遭遇过老师和同学的歧视。当小 K 了解到同事在几次邀请他聚会却没有得到响应后觉得很尴尬，从此认为他“耍酷，不好接近”后，这才意识到自己当初与同事保持距离才是双方关系疏离的起因，在帮助小 K 检查和识别非理性信念的表现形式后，接着社会工作者运用理性情绪治疗模式的直接指导方法对小 K 进行了干预，让小 K 与这些非理性信念进行辩论，发现其不妥之处，反思这类信念如何造成他对遭遇事件的负面反应，从而鼓励小 K 将之抛弃，重新运用客观、理性的信念去审视当下的处境，使用恰当的行为反应方式改善目前的工作生活状况。在此基础上，社会工作者与小 K 共同明确了下一阶段的工作任务，即加强职场融入，改善人际关系，加强与人沟通的技巧。

第四次服务过程中，社会工作者主要了解了小 K 的家庭关系情况，完善其家庭信息，分析小 K 目前遭遇的问题是否与其家庭有关。社会工作者通过与小 K 面谈，得知小 K 曾是农村留守儿童，与爷爷奶奶共同生活，由于老人没有文化，加上年龄代沟，小 K 和爷爷奶奶虽感情较好但沟通较少。同时，小 K 从小父母就常年在外务工，与小 K 及爷爷奶奶的联系不多，家庭亲情较淡漠。小 K 是家中唯一的孩子，现在父母辛苦把他供养到大学毕业，本身对他寄予厚望，但没想到小 K 参加工作后工资较低，还经常因为工作忙碌而很少回家，就对他有了一些抱怨。小 K 尽管想回报家庭却无能为力，在家庭中也得不到放松，常被父母唠叨，为此感到很焦虑。社会工作者决定下周和小K父母取得联系，以增进他和父母之间的关系。

第五次服务过程中，社会工作者给小K父母打电话，希望帮助小K改善与家庭成员的关系，尤其是加强他与父母的联系，促使双方能够更好地相互理解。在通话过程中，小K父母承认了在他幼年时，因夫妻俩常年在外打工造成的陪伴和教育的缺失，并为此感到遗憾。且小K父亲表示平时经常与其母亲争吵，两人脾气都比较急躁，交流缺乏耐心。以前他们为了节约话费，平时也不太往家里打电话，与小K爷爷奶奶交流也不多。社会工作者告知了他们小K面临的一系列问题，如平日的工作压力较大、身体状况不佳以及心理比较焦虑等，并且分析由于从小与父母缺乏沟通，因此小K即使有压力也不会向父母倾诉，这导致他的压力无法在父母处得到释放，而在单位也无他人可以诉说。而父母一直以来与爷爷奶奶沟通不多，也潜移默化地使小K形成了“有事情不能找父母求助”的思维模式。同时，父母望子成龙、期待儿子光宗耀祖的想法，无意中又加重了小K的压力。小K父母表示了担忧，并急切地想帮助小K改善当前的状况，社会工作者提出了建议和忠告：父母可以给予小K更多的体谅、关心和陪伴，哪怕平时多发几条微信语音，或是做顿他爱吃的饭菜也是对他的支持；还要降低对他的期待和要求，避免给刚入职的小K造成太大的压力；同时与小K爷爷奶奶保持更为密切的联系，共同营造一个和谐融洽、亲密无间的家庭环境，让小K感到有一个稳定的大后方。

在接下来的活动中，社会工作者与服务对象协商通过提升服务对象的业务技能为其纾解压力。第六次服务过程中，社会工作者与小K共同制订改善目标与方案，包括树立积极上进、勤奋认真、善于学习和敢于创新的工作态度，提升在工作中的自信，遇到问题不懂就问，大胆、及时向经验丰富的老员工请教等。这些做法不但能帮助小K解决问题，还能促进他的职场融入水平，从根源上消解由于工作能力不足造成的心理负担和困扰。

第七次服务过程中，社会工作者积极与银行管理层沟通，把一线基层柜员的工作压力和内心所想向其进行了汇报，建议银行加强人性化管理，措施包括提高新员工福利，合理提高员工绩效奖励；均匀分配存款任务，提升组织公平感；加强对新员工的业务培训，开展相关讲座；减少不必要的加班，关注新员工心理健康；举办文娱活动，丰富新员工的业余生活等。银行管理层对社会工作者的汇报表示感兴趣，并尊重社会工作者提出的相关建议，表示在今后的工作安排中会慎重考虑这些建议。

第八次服务过程中，社会工作者深入了解小 K 的生活习惯与兴趣爱好，鼓励小 K 重拾打篮球的特长，一方面将其作为释放压力的途径和方式，强身健体，丰富业余生活；另一方面还能通过参加和组织篮球运动发展更多人脉，加强人际关系。社会工作者建议小 K 先从身边的同学、朋友入手，鼓励小 K 主动建立共同在 S 银行工作的同学微信群，积极在群里分享自己的工作体会和工作压力。小 K 最开始担心同学们对自己不予理睬，一直不想建群，在社会工作者的不断鼓励下，才勉强建了同学群。但出乎意料的是，其他同学都对这个举动非常支持，纷纷感谢他的“举手之劳”，这极大地增强了小 K 的成就感。同学们在群里互道有无，互相帮助，相约一起聚餐或者打篮球。社会工作者建议小 K 在组织同学打篮球的时候，也叫上身边的同事，拉近彼此的关系，小 K 表示愿意尝试。

（三）介入后期

在介入后期，社会工作者主要是肯定服务对象的变化，回顾整个个案服务过程并听取服务对象的反馈，评估服务效果，为结案做准备。

第九次服务过程中，社会工作者比约定的时间早些来到小 K 所在银行，观察小 K 的工作状态。社会工作者能够明显感觉到小 K 在工作中的状态比以往积极了很多，对前来办理业务的客户更加积极友好，有问题也敢于开口向其他同事请求帮助。小 K 领导反映最近没有接到客户对他的投诉。小 K 在面谈中表示他已经意识到把生活中的压力或者负面情绪带到工作中，不仅于事无补，还会让自己陷入恶性循环，因此现在他要渐渐学会管控自身情绪，停止抱怨，不骄不躁，理性看待问题。同时，社会工作者发现小 K 仍然对领导敬而远之，就鼓励他真诚地踏出第一步，就自己工作上取得的阶段性成果主动向领导汇报，并利用该汇报机会向领导解释清楚之前工作失误的原因，并且保证以后争取尽量少出错，小 K 采纳了社会工作者的建议，并表示今后要保持昂扬的斗志，努力体现自身在工作中的价值。

第十次服务过程中，社会工作者发现小 K 在意识到自己在自信心和沟通能力方面的欠缺后，接受了社会工作者的建议，积极拓宽人脉，寻求社会支持，组织同期进银行的同学与现在同一部门工作的同事一起打篮球。在精湛的球技得到大家认可后，小 K 增强了自信心，也有了结交更多朋友的勇气。社会工作者鼓励小 K 继续努力，多和大家交往，主动融入团队，加强与同事的关系，提高团队参与感，争取获取更多的社会支持。

第十一次服务过程中，社会工作者来到小 K 家里，观察他与父母的关系现状。经过之前社会工作者与小 K 父母电话沟通后，发现小 K 和父母之间的交流比以前多了许多，在家中也会和父母聊聊近期的工作和遇到的困难。平时忙得没空回家，小 K 也会与父母通过微信简单聊几句，这成为小 K 纾解负面情绪的一个渠道。父母现在也不再要求他赚大钱，而是叮嘱他要照顾好自己的身体，一步一步慢慢来。小 K 向社会工作者表示他理解父母这么多年把他养大成人的不容易，以后一定会努力工作，孝顺父母。可以看到小 K 与父母的亲子关系比之前得到明显改善，这已成为他排解负面情绪与缓解压力的一项有力支持。

第十二次服务过程中，社会工作者带领小 K 回顾了整个个案过程，并与他进行了最后一次会谈，询问小 K 对本次个案服务是否满意，以及小 K 对未来工作生活的展望。社会工作者邀请小 K 总结在活动中的感受和收获，小 K 认为经过本次服务，自己的身体机能得到了明显的好转，失眠症状已经减轻了很多。小 K 表示自己能够正视前一段时间工作上的失误，并解开了与领导、同事之间的心结，人际关系缓和了不少，且能够得到前辈的指点和帮助，调整了工作状态，更为积极进取地投入工作中。现在他与父母、爷爷奶奶之间的联系也频繁了许多，日常工作中的压力也会向他们倾诉，并能得到父母的安慰。总之，小 K 认为此次服务比较成功，社会工作者所运用的策略、方法和技巧较为合理，能够为服务对象所接受，社会工作者的服务符合服务对象需求。他现在能够客观理性地面对工作和生活中的问题，并积极地考虑未来的职业发展方向，通过领导、同事的指点，对自己的职业规划有了更加清晰的定位，打算尽快熟悉当前业务，考取若干行业证书，持续提升自己的职场竞争力。最后，社会工作者邀请小 K 填写了 SCL-90 心理健康症状自评后测量表，与服务开展之前他的测量结果进行对比。

社会工作者肯定了小 K 近期的积极转变和取得的进步，在认真倾听之余，鼓励小 K 勇于接受今后的挑战，尽己所能智慧地处理并从容地应对工作和生活中遇到的问题，不断加强与他人的沟通，拓展社会支持网络，关注职业发展机会。社会工作者还向小 K 提出了忠告，指出在当下社会竞争激烈，年轻人要站稳脚跟实属不易，打铁还需自身硬，要从身体、心理、业务能力和人际关系各方面有意识地长期经营，才能在职业道路上走得更远。

五、总结评估

（一）过程评估

介入初期，小 K 由于内心充满了受挫感，以及对社会工作的陌生，因此对接受社会工作者的服务显得较为勉强，对社会工作者的回应并不积极，配合度并不高，但也没有完全拒绝社会工作者的帮助，因此尝试与社会工作者进行了两次面谈。两次面谈后，小 K 的消极情绪有所减弱，且意识到自身的确需要借助专业人士的帮助才能调整工作和生活状态，因此愿意接受个案服务，并与社会工作者在后续介入方法上取得了初步一致。

介入中期，小 K 能够充分信任社会工作者，真诚与社会工作者交流，暴露了自身的非理性信念，并在社会工作者的理性情绪治疗方法的使用下，认识到自身以往工作和生活上的非理性信念，明确是这些非理性信念导致对人对事的偏见，决定今后要努力建立客观理性的认知。在工作方面，小 K 接受社会工作者的建议，愿意更加积极上进，大胆自信，勤于请教，不断提升业务能力。在生活方面，小 K 组建了同学微信群，并在社会工作者的指导下挖掘了自身擅长打篮球的优势，期待利用这一特长纾解压力，发展由同学、同事组成的社会支持网络。在家庭方面，小 K 将自身的家庭关系，包括他与父母的隔阂与分歧、与爷爷奶奶的疏离、家庭成员之间的沟通互动方式告诉社会工作者，并允许社会工作者与其父母沟通，以改善其家庭关系的质量。

介入后期，小K建立了理性认知，心态更为阳光，减少了消极情绪，工作开展得更为顺畅。在人际关系上，理顺了与领导、同事、同学与家庭成员的关系，获得了更多的社会支持。小K在对本次个案服务进行总体评价时，表示自己在活动中受益匪浅，摆脱了困难的处境，学习到了看待问题的优势视角和为人处世的方法。由于社会工作者的姿态非常平等，态度也很认真，显示出较为专业的服务水平，使小K拥有了正向的辅导体验，因此小K对社会工作者的服务表示满意和真诚的感谢。

社会工作者对本次个案工作进行了自我评估，认为在介入过程中，自己获得了小K的信任与合作，与其共同确定了服务目标与方案，帮助其建立了良好的自助态度，使其积极参与治疗过程。同时秉持优势视角，挖掘小K的潜力，充分尊重服务对象自决原则，倾听小K的心声，引导他建立理性情绪，鼓励和支持他树立解决问题的积极态度，并结合他的具体情况，将他的家庭、工作资源等整合到服务过程中，为其创造出一个良好的生活和工作环境，从而有助于小K纾解不良情绪，恢复和提高人际沟通能力，获得更多的社会支持。最后，社会工作者对小K在服务过程中给予自己的配合表示了感谢。

（二）结果评估

结案时，社会工作者通过对小K进行评估，发现他已经建立了以家人为核心、同学为基础和同事为支撑的综合人际网络，这一网络也成为他纾解压力、发泄情绪并获取支持的主要平台。同时，社会工作者发现小K的认知更加理性，对职业的定位更加清晰，对未来发展充满了希望，整个人变得更加积极。此时的小K已经很少出现失眠、头痛等问题，心情也变得更加舒畅。在社会工作者与其领导、同事交流后，大家都反映小K变得更乐于沟通，更愿意请教他人并喜欢琢磨问题，业务能力也有了一定的提高，大家对他的评价越来越好。综合来说，本案例的介入效果良好，基本实现了既定的服务目标。

表2显示，服务对象SCL-90心理健康症状自评量表前后测得分对比明显。根据全国常模结果，总分在160分以上，表明心理存在某种不适；超过

200分，说明有中度症状的心理问题；超过250分，说明心理问题较为严重。而如果某个因子分超过3分，则说明其指向的症状严重程度已在中等以上。通过社会工作者介入，小K的心理健康得分由“较为严重”的257分降低为“正常水平”范围值内的158分，9个因子得分也全部下降，其中5个因子由于预前的超过3分降低至3分以下，另外3个因子得分也有不同程度的下降。个案工作结束时，服务对象的精神面貌有所改观，心态更为积极健康，自我效能感较高。

表2　服务对象SCL-90心理健康症状自评量表前后测得分对比（分）

编号	维度	前测得分	后测得分
1	SCL-90	257	158
2	躯体化	3.17	1.96
3	强迫症状	2.78	2.02
4	人际关系敏感	3.90	2.41
5	抑郁	3.69	1.88
6	焦虑	3.50	1.81
7	敌对	3.00	1.86
8	恐怖	1.58	1.55
9	偏执	2.50	2.13
10	精神病性	2.90	1.52

六、专业反思

城市商业银行新任柜员存在职业适应困境并不鲜见。由于新任柜员面对严峻的行业发展形势和较高的工作强度，容易引起焦虑，加上社会阅历单薄，遭遇问题不知向谁求助，就容易陷入钻“牛角尖”的错误认知陷阱中，很难适应新的工作环境。从本案例的干预结果看，个案工作介入新任柜员职业适应问题较为可行。社会工作者本着平等和真诚的态度，以一种探讨、协商的口吻和新任柜员进行会谈，寻找柜员可以凭借的优势和社会支持力量，可以帮助柜员提升对问题的自决能力。

本案例中，社会工作者尽管对服务对象遭遇的危机进行了富有时效性的介入，并运用自身所学竭尽所能地为其提供了帮助，但仍然感到有力不从心之处。首先，社会工作者的服务没有最大限度地调动银行的资源。事实上，社会工作者为柜员开展心理疏导服务，缓解柜员的工作压力需要银行的政策支持，但目前我国银行领域的社会服务发展较为迟滞，社会工作的专业作用并未受到银行高层的足够重视。尤其是在当下银行业发展低迷，竞争趋于白热化的宏观态势下，银行为保证自身基业长青往往自顾不暇，为员工提供关怀和支持的能力和动力不强。因此，要提升城市商业银行对于新任柜员的关注，可在银行的配合下，由当地行业协会统一聘请社会工作者为员工开展服务，传达组织的关怀和温暖。其次，社会工作者还应结合其他服务方法，如对新任柜员开展专项心理帮扶活动与拓展训练。根据新任柜员的特点，为新入职员工设置心理测试游戏、心理健康特训、心理健康讲座、心理健康知识网络学习等项目，帮助员工更好地纾解心理压力，增强活动参与意愿。

七、督导点评

该案例针对银行新员工小 K 开展社会工作专业介入，社会工作者能够发现服务对象存在的需求，根据需求与服务对象共同制定介入目标，围绕目标选择合适的介入策略和介入方式，根据服务对象的改变评估介入效果，在此基础上进行专业反思，形成了内容完整的企业社会工作介入案例。

总的来说，该案例具有以下可圈可点之处：一是介入模式选取合适。社会工作者能够结合服务对象的实际状况，有针对性地选取危机干预模式、理性情绪治疗模式等专业介入模式进行干预，契合了服务对象的需求，在实际运用中也体现了模式的有效性，为整个案例的顺利实施奠定了坚实的基础。二是介入过程规范。社会工作者能够严格按照社会工作介入的通用步骤开展介入工作，以服务对象需求为出发点，依循以终为始的工作逻辑，一步一步帮助服务对象解决问题，满足需求。三是专业操守遵循到位。社会工作者能够谨记社会工作专业伦理，严格按照职业道德开展介入工作，时刻提醒自己保持价值中立，尊重服务对象，给予其同理，从而真正帮助服务对象达成助人自助的目标，体现了较强的专业性。四是工作思路比较清晰。在实际介入中，社会工作者结合服务对象的需求，有意识地安排了不同层次、不同顺序的任务。从建立关系开始，社会工作者先从最紧急的生理问题着手，然后协调服务对象的人际关系，帮助服务对象逐渐完善自身人际支持网络，最终建构了涵盖不同主体的网络。与此同时，社会工作者协助服务对象进行了认知调整，摒弃非理性信念，建立理性信念。在此基础上，利用服务对象已经建立的同事关系网络帮助其进一步完善职业规划，明确发展方向。社会工作者的整个介入思路清晰，前后阶段能够相互强化，最终呈现良好的介入效果。

当然，该案例也有一些不足，主要包括：一是介入模式在案例中的具体应用阐述还不足。虽然案例的评估结果显示社会工作者选取的介入模式是有效的，但因为对具体的介入过程描述还不够具体，无法获知社会工作者对该模式的掌握程度，削弱了这一案例的有效基础。二是没有充分利用服务对象所处的环境因素。社会工作者在实际介入时已经意识到要从服务对象的环境进行介入，也在介入时有意识地从家庭、职场等不同领域进行干预，取得了一定效果。但总体上还是更侧重个体层面的介入，服务对象所在银行的环境因素没有完全利用起来，比如存在相同问题的新员工群体、银行的新员工培训、银行的员工关系计划等。如果在介入时能够充分调动银行的相关资源，该案例的介入效果应该能更好，受益人群也可能从服务对象扩展到更多个体。三是案例的专业反思深度不够。社会工作者应该对整个介入过程进行复盘反思，找出存在的不足和优势，重点围绕不足点开展理论探讨，以便为后续的介入提供智力反馈。

思考题：

1. 当前银行业新员工普遍存在职业压力过大的现象，如何系统地帮助银行解决新员工压力过大问题？

2. 在本案例中，除了社会工作者开展的介入活动，还可以在哪些方面进行干预？

3. 为了防止服务结束后服务对象的问题反弹，针对本案例，社会工作者应该在什么方面进行重点干预？

参考文献：

［1］阿尔伯特·艾利斯．理性行为治疗［M］．刘小菁，译．成都：四川大学出版社，2005.

［2］SALEEBEY D. 优势视角：社会工作实践的新模式［M］．李亚文，杜立婕，译．上海：华东理工大学出版社，2004.

［3］李从容．知识型新员工组织社会化研究［M］．北京：经济管理出版社，2011.

［4］王明辉．企业员工组织社会化研究［M］．北京：中国社会科学出版社，2007.

［5］ALBERT E. Growth Through Reason［M］. Hollywood：Wilshire Books，1974.

［6］ALBERT E. Overview of the Clinical Theory of Rational-Emotive Therapy［M］. New York：Nostrand Reinhold Company，1980.

［7］ALBERT E，DEBBIE J E. Rational Emotive Behavior Therapy［M］. Washington D. C.：American Psychological Association，2011.

［8］李宁宁，苗国．社会支持理论视野下的社会管理创新：从刚性管理向柔性支持范式的转变［J］．江海学刊，2011（6）：111-116.

［9］谭明，方翰青．我国职业适应性研究综述［J］．中国职业技术教育，2012（18）：34-39.

［10］张伟伟．智媒时代媒体从业者职业适应的影响因素——一项对西北地区媒体从业者的调查［J］．新闻与写作，2018（8）：43-49.

［11］SAVICKAS M L. Career Adaptability：An Integrative Construct for Life-span，Life-space Theory［J］. The Career Development Quarterly，1997，45（3）：247-259.

［12］SAVICKAS M L，PORFELI E J. Career Adapt-abilities Scale：Construction，Reliability，and Measurement Equivalence Across 13 Countries［J］. Journal of Vocational Behavior，2012，80（3）：661-673.

案例四

中央银行县级支行基层员工职业压力的个案工作介入①

一、案例背景

中国人民银行是我国的中央银行，主要功能是制定和执行货币政策，防范和化解金融风险，维护金融稳定。由于其员工不同于其他商业银行，不对私人办理业务，与群众的接触较少，因此一直被误认为处于“钱多事少”的“金饭碗”岗位。事实上，随着我国经济结构的调整，金融行业的持续改进以及经济金融方针政策的不断变化，中国人民银行（以下简称央行）早已不是人们传统印象中“抖腿等工资”的清闲单位。央行的多项工作都需要金融机构配合却对其缺乏制约能力，这无形中给央行工作的顺利开展带来了挑战。尤其是近年来，央行在金融助推精准扶贫、乡村振兴、县域经济发展等工作中责任重大，政府对其期望值居高不下，在一定程度上也增加了央行的工作压力。

央行县级支行作为央行总行的派出机构，是央行延伸至基层的“触角”，支撑着县域金融与经济业务的开展，承担着一系列的重要任务：传导落实货币政策，维持信贷总量稳步增长，提供高质量金融服务，抓牢县域金融监管，维护县域金融稳定等。然而，在当下实践中，央行县级支行人员结构老化现象严重，工作职能不断转变，业务量逐渐增加，考核日益加重，诸多因

① 活动撰稿人：邹佳琦，指导老师：唐斌。

素使得基层员工职业压力较大。对这一群体加以关注，对于推进央行员工队伍建设具有重要的理论价值和实际意义。

本案例以央行 M 县支行一名职业压力感较为严重的基层员工小 O 为服务对象进行个案介入，协助服务对象化解危机、发现优势、重建信心、拓展社会支持网络，从而摆脱困境，以期为学界和实务界同人提供参考和借鉴。

（一）央行 M 县支行简介

M 县是江西十八大古县之一，位于全省中部，北距省会南昌 127 千米，现辖 13 个乡镇和 2 个国有农林场，134 个行政村，总面积 1248 平方千米，人口 33 万。M 县共有银行业金融机构 11 家，保险业机构 16 家，非银行金融机构 7 家，是全省金融机构种类最多的县市之一。央行 M 县支行下设 3 个部门，分别是货币信贷与统计股、综合业务股和办公室。目前共有正式员工 21 名，聘用制员工 4 名。

2013 年，国务院确定央行对口支援江西 M 县。2014 年初，正式出台了《中国人民银行对口支援江西省 M 县工作方案》，提出支持和鼓励 M 县根据县域经济特色和区域比较优势，提升内在发展动力，有针对性地开展金融改革、金融创新、金融基础设施建设和人才培育方面的 22 项具体工作。2018 年，央行 M 县支行衔接总行对口支援 M 县振兴发展 52 项工作任务，并开展“银企融资对接”“信贷产品对接”“金融精准扶贫和农村普惠金融服务站创建”等多项相关工作。同时，人民银行类政府机关的特殊性，要求其员工还要完成其他工作：意识形态建设，党风廉政建设，文明创建，配合地方政府日常事务（如“扫黑除恶”专项斗争、“路长制”巡查、“河长制”巡查、全县卫生大清扫等）……这些工作任务叠加起来，对央行 M 县支行员工的工作提出高标准、严要求，使其不可避免地感受到持续性的从业压力。

（二）央行 M 县支行员工职业压力状况

由于央行 M 县支行人员偏少，杂事繁多，不像市级以上中心支行那样业务部门众多，岗位职责明晰，专人专岗，分工明确。因此，基层员工一人兼数岗、跨部门兼岗是常态。他们除需完成本部门、本岗位上的业务外，还需兼顾另外两个部门的工作，以及完成行领导不定时交办的突发任务，普遍认为工作量与工作强度非常大。相关工作安排不仅对基层员工的心理素质和业务技能提出了更全面、更宽泛的要求，还存在着诸多风险隐患。特别是货币信贷与统计部门每日必报的各种数据、综合业务部门的国库业务、办公室的部分材料报送任务等都必须当天完成，这就造成了员工工作节奏非常快，从而容易出错，出错就要被通报批评，影响年度考核。近年来央行县级支行职能的转变，还带来了大量的新业务、新技术，新的办公系统也在投入使用，这些事实上都交由基层员工来学习。同时，每个基层员工每年都需要完成一定数量的调研工作，报送相关信息，参与相关课题，要在行业期刊发表与当下热点问题相关的文章。此外，还要承担县政府、社区委员会要求支行配合的汛期防洪、道路站岗、上户灭蚊、疫情防控、协助拆迁等各类工作。基层员工常常感到工作量超负荷，加班成为家常便饭。长此以往，影响员工的身体健康与精神面貌，反过来也影响了工作质量和效率。

令基层员工更不满意的是高强度的工作付出并未获得对等的回报，薪资水平低（月薪不超过4000元），福利待遇差（如加班没有加班工资，周末甚至连工作餐都没有），晋升机会渺茫，职业培训缺失，团建活动不足等，从而使得基层员工对工作多有抱怨，觉得没有奔头，离职意愿明显。因此，采取有效的措施帮助基层员工释放压力，提升工作热情，是央行M县支行亟待解决的问题之一。

（三）个案背景

1. 服务对象基本状况

央行M县支行基层员工小O，男，25岁，本科学历。有一次曾被抽调至上级行协助国库业务检查，白天四处奔波，晚上熬夜写检查报告，每天凌晨两三点睡，第二天六七点又要早起，体能持续透支，并伴有神经衰弱症状。在检查工作开展的第四天，突然晕倒在地，陷入昏迷状态，额角被磕出血。被紧急送入医院后，被告知除了额头有轻微外伤，其他身体机能暂时未检查出异常，此次昏迷很可能是劳累过度、休息不足造成。由于此次身体原因耽误了检查工作进度，小 O 受到了上级行通报批评。经历这次事件之后，小 O 总担心自己身体出现了某种隐藏的疾病，工作提不起干劲，同时认为银行不够人性，每天怨声载道，情绪起伏较大。

2. 曾作出的调试及成效

在晕倒事件之后，小 O 曾尝试尽量避免熬夜加班，但是每天的业务必须当天完成，领导也在源源不断地布置新的工作任务，还需要完成上级行下达的工作，偶尔还要协助当地政府完成工作，因此尽管白天都处于连轴转的状态，还是没办法把工作完成。小 O 尝试向同事吐槽工作上的困难，没承想却被同事误认为推卸责任，以至于相互发生口角，最终不欢而散。

为避免再次晕倒，谨慎的小 O 去医院复查了一次，未发现身体有异常，他又不放心，去咨询心理医生为何自己会频频神经衰弱，心理医生认为小 O 过于紧张、焦虑，如果不及时疏导将会进一步恶化。心理医生的话让小 O 怀疑自己可能有精神疾病，由于对疾病的害怕和恐惧，导致他越来越敏感，对身边的人也容易产生误会。只要同事说一句他觉得不适当的话或者开一些他认为不得体的玩笑，就会引起他的猜疑和反感，同事关系比较紧张。

小 O 的情况引起了行长的注意，为此行长专门与他进行谈话，给予他精神上的宽慰，但没有在工作任务上给他减负，也没有为他提供具体的减轻工作压力的方法，最后效果平平。行长只能将小 O 介绍给了社会工作者，拜托社会工作者要帮助小 O。

3. 服务对象背景资料

家庭关系方面，小 O 平时很少回家，与父母的沟通仅限于电话，且父母经常对他不积极找对象的问题进行说教，导致他很烦恼，基本不主动和家人进行沟通。

情绪状况方面，小 O 情绪表现不稳定，看待周边的事物比较悲观消极，经常心情不好，爱发牢骚，常伴随焦躁感和无助感，最严重的时候甚至出现过轻生的念头。

健康状况方面，无严重疾病，但神经衰弱的症状较为明显，偶发偏头痛。没有精神病记录，没有暴力倾向和虐待记录，烟瘾较重。

经济状况方面，月薪 3000 元出头，月光族，无存款和积蓄。

兴趣爱好方面，有运动天赋，擅长短跑和打气排球；有摄影爱好，且接受过专业的指导。

二、需求评估

在综合分析小 O 目前的工作、生活等各方面状况后，对其社会服务需求预估如下。一是缓解工作压力。小 O 面临多重工作任务：自身岗位工作、领导交办的其他工作、上级行临时增加的紧急工作、地方政府的协助工作等，这些让他不堪重负，甚至导致突发性晕厥。在晕厥之前，他经常加班加点拼命干活，领导常将重要的任务安排给他。尽管小 O 与领导的关系较为疏离，但他从不推辞领导交代的工作，即使工作量很大，他也照单全收。

二是改善人际关系。小 O 平时业务能力较强，性格比较孤傲，很少参加单位组织的集体活动，不愿意与表现平庸的同事深度交流，也不愿靠近领导溜须拍马。长此以往，他在单位与他人的关系仅限于公事公办，没有较为亲近的同事，同事们认为他不太合群。

三是丰富业余生活。由于工作繁忙，经常性加班，小 O 几乎没有属于自己的空暇时间，每天过的都是从家到单位“两点一线”的生活，业余生活就是睡觉。虽然他有运动、摄影的兴趣爱好，但现在已经很久没有参与这些活动了。

由于小 O 的主要需求存在彼此的相互影响，需要社会工作者利用多元化的介入手段，持续贯彻助人自助理念，帮助小 O 走出困境，恢复其正常的工作生活秩序。

三、服务计划

（一）理论基础

1. 职业压力理论

大量研究表明，过多的职业压力对工作者的身心健康会造成巨大伤害，从而对组织产生消极影响。众多学者从不同角度分析了职业压力的产生，目前主流的理论模型主要有个体—环境匹配的压力模型、工作需求—控制的压力模型、付出—回馈失衡的压力模型等。这些模型分别从社会冲突、劳动异化、社会交换等角度探讨了职业压力的形成机制及原理[5]。个体—环境匹配模型[2] 认为，压力不是环境因素或个人因素单方造成的，而是二者相互联系的结果。只有当个体特征与工作环境相匹配时，才会出现较好的适用。工作需求—控制模型[4] 强调新的工作需求既能促使员工学习，也会加大其工作压力，组织通过控制工作过程则能减轻员工压力而促使其学习，因此高压力的工作往往是高需求—低控制—低支持的工作。付出—回馈失衡模型[3] 包括付出、回馈和过度投入 3 个维度，该模型认为当员工的付出大于得到的回馈，便会产生工作压力，而过度投入的员工其工作压力尤为强烈。本案例中，社会工作者掌握职业压力的主要理论模型，有助于理解小 O 职业压力产生的根源，也有助于社会工作者协助小 O 自我反思，帮助其重建信念系统，尽早摆脱职业压力的困扰。

2. 社会支持理论

社会支持理论认为个人发展不仅受个人自身因素的影响，也受环境要素的制约，人与环境是彼此作用的，个体可以通过优化周围环境，配合一定的行为干预模式，从而改善自己的生活状况及适应力。一般情况下，社会工作主要是深入服务对象的实际生活中，了解他们所遇到的困难，挖掘一切可利用的资源，确保服务对象获得各种支持。本案例中社会工作者充分利用社会支持理论，在小 O 已有支持系统的基础上，帮助其完善社会支持网络，从而解决职业压力过大带来的相关问题。

3. 优势视角理论

Saleebey（2004）认为，优势视角理论是关注服务对象的优势与潜能的开发利用，相信服务对象有他们的尊严和价值，有改变现状和得到认可的愿望和能力。优势视角理论认为，对服务对象而言，其个人、家庭、所在团体和社区都有优势，创伤、虐待、疾病和抗争可能既是挑战，又是机遇，所有的环境都充满资源。基于优势视角理论，社会工作者与小 O 密切合作，帮助其更好地挖掘自身潜能，从而真正实现助人自助，满足服务需求[6]。

（二）服务目标

本次服务的总体目标是减轻小 O 的职业压力，纾解因压力产生的负面情绪与非正常生理反应。具体目标包括 4 项：一是通过心理辅导、社会支持等途径，帮助小 O 尽快纾解职业压力，减轻心理负担，帮助他调整好状态，使其积极面对挑战。二是帮助小 O 提升职业能力。面对超强度的工作任务，小 O 亟须提升职业能力，优化工作流程，提高工作效率，协调好工作和生活，为减轻职业压力提供支撑。三是改善小 O 与领导、同事之间的关系，帮助他提升人际沟通能力，融洽他的职场人际关系，从而给他提供良好的人际支持。四是丰富小 O 的业余生活，引导小 O 重拾个人兴趣爱好，丰富业余生活，塑造阳光的心态，以更饱满的情绪迎接挑战。

（三）服务方案

本次个案工作拟开展 6 次介入服务，时间为每周日，服务时长设定为 1 小时，所有服务前后历时两个多月。介入地点在小 O 的办公室或宿舍，虽然面积不大，但只有小 O 一人，方便与社会工作者谈话时集中注意力；且该空间对于服务对象来说比较熟悉，服务对象容易消除防备，与社会工作者坦诚相见。具体服务安排如表 1 所示。

表 1　个案服务安排

主 题	目 标	内 容	运用技巧
第一次 增加熟悉度，争取服务对象配合	1. 社会工作者与服务对象减少陌生感，避免服务对象对社会工作者产生排斥心理；2. 社会工作者初步了解服务对象的压力状态	1. 社会工作者询问服务对象目前的工作状况和个人日常行为表现；2. 服务对象填写压力前测量表	观察； 专注； 倾听； 使用量表
第二次 详述压力问题，确立服务关系	1. 社会工作者获得服务对象信任；2. 社会工作者详细了解服务对象情况，以更好地帮助服务对象	1. 社会工作者向服务对象阐述自己的保密义务；2. 社会工作者引导服务对象详述自身的困惑和难题；3. 双方订立服务契约，制订服务计划；4. 服务对象再次进行压力测试	自我披露； 鼓励；同理； 建议； 使用量表
第三次 建立理性认知，学习放松技巧	1. 服务对象厘清自身的非理性认知，聚焦问题的解决；2. 服务对象缓解焦虑情绪	1. 服务对象过分夸大工作任务给自身带来的不良影响；2. 社会工作者引领服务对象澄清自身的经验和感受，客观地看待事实；3. 社会工作者与服务对象讨论如何提升工作效率；4. 社会工作者与服务对象一起练习放松技巧	对焦；摘要； 澄清；建议； 忠告；鼓励

续表

主 题	目 标	内 容	运用技巧
第四次 提升工作能力，助力长远发展	1. 服务对象树立职业发展的信心；2. 服务对象寻找自身优势	1. 社会工作者从优势视角出发，向服务对象讲述行长期望，树立其职业发展的信心；2. 社会工作者引导服务对象回顾过去的经历，寻找自身优势；3. 社会工作者鼓励服务对象将自身优势如学习能力和写作能力不断精进	提供信息；倾听；鼓励；建议；忠告
第五次 提升沟通能力，获得职场支持	1. 服务对象融洽与领导、同事的关系；2. 服务对象获得更多的职场支持	1. 社会工作者建议服务对象努力改善人际关系，向领导多汇报，虚心向同事学习；2. 服务对象初步与领导、同事沟通，并取得了初步的成效	鼓励；建议；忠告
第六次 加强人际互动，巩固活动收获	1. 服务对象寻求父母的理解；2. 服务对象丰富自己的业余生活，提升生活质量，扩大社交圈；3. 回顾个案过程，评估活动效果	1. 社会工作者建议服务对象加强与父母的联系，让父母了解自己的工作，争取父母的理解；2. 社会工作者建议服务对象利用特长，发展兴趣爱好，找寻工作以外的人生意义，并借此加强与同事的交往，巩固职场社交；3. 服务对象填写压力后测量表；4. 社会工作者鼓励服务对象总结自己在服务中取得的成果，巩固其学到的压力处理技巧；5. 社会工作者与服务对象对个案服务进行评估	倾听；建议；鼓励；忠告；使用量表；评估

四、实施过程

社会工作者介入初期主要是让小 O 正视自己的问题，并信任社会工作者，将自己的经历和心路历程向社会工作者倾诉，愿意与社会工作者共同讨论解决问题的方法。介入中期主要是社会工作者纾解小 O 的职业压力，协助小 O 提升职业能力，改善人际关系。社会工作者对小 O 进行心理辅导，帮助他找到宣泄压力的突破口；通过整合资源，引入外部力量，帮助小 O 进行工作流程优化和工作方法改进，使其职业能力得到进一步提升；引导小 O 改善和其他人的关系，使其能够得到更广泛的社会支持。介入后期主要是社会工作者帮助小O巩固在个案工作中取得的成果，鼓励小O利用兴趣爱好提升生活质量，转移职业压力，构建社会支持网络，以积极的心态迎接工作任务。

（一）介入初期

社会工作者与小O首次面谈时，按照小O的要求将面谈时间安排在中午饭后。小O在见到社会工作者后表示只有半个小时空当，会谈的时间不能太久，接下来还要工作。社会工作者发现小O状态较疲惫，同时说话声音低沉，情绪也比较压抑。社会工作者意识到小O可能认为社会工作者是行长“硬塞”给自己的“卧底”，是行长派来控制小O的。为打消小O的顾虑，争取他日后的配合，社会工作者当即表示本次谈话只是为了了解情况，并进行压力测评，时间不会很长。接下来，社会工作者询问了小O目前的工作情况和个人日常的一些行为表现。了解到小O之前因为突然晕倒，现在非常担心自己的身体健康，同时因工作进度没跟上被单位通报，导致现在比较焦虑，连续几个晚上都没怎么睡好。于是社会工作者让小O填写了压力量表，结果刚刚超过较大工作压力的水平线，比社会工作者预想的压力水平要低，不符合领导对小O的情况介绍。社会工作者满心疑惑，但并没有多说，而是遵照约定，到时间就离开了。

由于第一次面谈小O还不熟悉和信任社会工作者，很多问题并没有完全告知社会工作者。因此，在第二次面谈时，社会工作者希望能够获得小O的信任，于是社会工作者首先声明自己在服务过程中关于服务对象的信息会全程得到保密，自己的服务与行长也并无直接关系，同时社会工作者拿出事先打印好的社会工作专业伦理守则给小O阅读，让他了解社会工作者应遵循的职业操守。接下来，社会工作者一边进行自我披露，主动聊起自己刚参加工作时，每天忙得手忙脚乱，生活却捉襟见肘等尴尬往事；一边继续与小O沟通，鼓励他进行情绪表达，并对其给予积极的回应。在会谈双方有了共同话题后，小O打开了话匣子，他向社会工作者详细描述了自己入职以来的困惑和难题，充分展露了自身的失落和迷茫，一个小时的谈话时间还不够用。社会工作者及时给予同理，表示自己对小O的难处感同身受，且认为此时向小O提出服务建议已经时机成熟，就建议小O接受社会服务，尝试解决问题。

小 O 觉得社会工作者态度比较诚恳，就答应试试。然后，双方开始订立服务契约，一起制订服务计划。社会工作者与小 O 一起分析了造成压力的原因，一致认为小 O 的压力主要源于工作任务重、工作-生活不平衡且获得的支持较少等问题。围绕改善这些问题，社会工作者与小 O 一起制订了任务目标和计划，先从小 O 的焦虑、失眠等问题着手，以危机干预的方式进行介入。本次面谈结束后两天，社会工作者通过问卷星软件再次对小 O 进行了压力测评，得分结果表明小 O 压力很大，同时“关心支持”一栏得分较高，这些都符合社会工作者对小 O 压力状态的判断。

整个介入初期，社会工作者都非常注意倾听小 O 的叙述，以获得更丰富的信息。同时，社会工作者始终坚守服务对象自决原则，只提出恰当建议，不替小 O 作决定，不因为自己的价值观影响与小 O 的服务计划制订。

（二）介入中期

第三次会谈是在小 O 办公室进行的。尽管是周日的下午，但小 O 还在对农村普惠金融服务站的数据进行审核，工作非常繁忙。社会工作者一来，小 O 立即放下手头的工作，与社会工作者开始面谈。由于小 O 对自己当下的处境感到很混乱、很“抓狂”，因此往往会忽略掉其中有利的方面，而过分夸大工作任务给自己带来的不良影响，于是社会工作者认为有必要让小 O 客观地认清事实，而不是一味抱怨甚至抵触工作。社会工作者帮助小 O 耐心地梳理当前的工作思路，引领他澄清自身的经验和感受，将关注点聚焦到如何解决工作问题而不是工作本身有多么麻烦。将小 O 偏离的话题与宽泛的讨论收窄，集中讨论的焦点，对小 O 的谈话内容进行摘要，概括归纳出要点。然后，引导小 O 思考如果任务完不成，将会造成的最坏结果是什么，小 O 终于发现是自己假想出了很多问题，事实上情况并没有那么严重。接着，社会工作者与小 O 共同分析焦虑与完工速度的关系，让小 O 意识到焦虑并不会真正提高完工速度，而要积极思考如何优化工作流程并改进工作方法，这样才能真正提升工作效率，早日摆脱压力。最后，社会工作者与小 O 一起练习腹部呼吸、肌肉放松、冥想等缓解焦虑的方法，建议小 O 平时更加淡定从容，保持平常心，加强运动，适当倾诉，培养业余爱好，多食用安神静气的食物

(如莲子、百合等)。临走时，社会工作者建议小O在之后的一周巩固加强放松技巧的应用，从而走出情绪困扰。

第四次会谈，社会工作者提议在小O工作单位附近的公园进行，希望在优美开阔的环境中，小O能够完全放松，畅所欲言。小O说在上次面谈后，他好好反省了自身，认为自己确实要调整心态，重塑自己，完善工作方法，提高业务水平。但又觉得自己能力有限，有点底气不足，希望能够提高工作能力。于是社会工作者从优势视角出发，告诉小O其实行长非常欣赏他，平时将重要、关键的任务交给他是信任他，更是为了磨炼他，上级行的通报批评其实也是让他加深印象，以免再犯。行长之所以将社会工作者介绍给小O，就是希望他尽快成长起来，好成为行里的中坚力量，为领导分忧。社会工作者一席话让小O豁然开朗，他感谢行长的用心良苦和深谋远虑。然后，社会工作者引导小O回顾过去的经历，从自身出发挖掘资源。小O回想起大学期间专业课学得都不错，学习能力应该还行，写作能力也不错，还在学术期刊上发表过论文。社会工作者结合自身经验，告诉小O学习能力和写作能力是机关工作的两大法宝，如果小O擅长学习和写作，就一定不要辜负自己的天赋，要有意识地在这两项能力上不断精进，升级迭代，这样就能超越很多竞争对手，成为单位不可或缺的人才。同时社会工作者也建议小O脚踏实地，从一点一滴做起，从完成每一项工作入手，聚沙成塔，集腋成裘。

通过前4次的介入，小O的精神面貌有所改善，也让社会工作者有了继续服务的动力和信心。在第五次面谈中，社会工作者建议小O努力改善人际关系，获得更多的职场支持。比如多向单位领导汇报，争取听听领导对自己工作的建议；再如虚心向资深前辈请教工作方面的问题，认真学习优秀同事的工作方式。小O表示不敢尝试，因为平时领导和同事都比较严肃，害怕领导斥责自己无能，而自己前一段时间也和同事们闹得不愉快，怕同事们不肯原谅自己。社会工作者建议小O对领导可以带着某个具体的问题向其提问，当然也要提前梳理自己的观点，说明自己在几个备选方案中游移不定，每个方案有哪些优缺点，目前已经做了哪些准备，请领导定夺。对同事则可以从请其喝奶茶入手，向其解释自己年轻不懂事，加上工作任务多，一时昏了头，以前的事多有得罪，还请同事海涵，等等。同时安慰小O道，所有的沟通都是在破冰阶段最难，一旦沟通了一次，以后就会顺理成章，容易许多。小O将信将疑地回去了。在之后的两个星期，他找到一个机会，主动接触领导。让他比较意外的是，领导并没有像他想象的那样对他批评指责，而是非常诚恳地告诉他以往碰到类似事件都是如何处理的，现在行里有哪些资源和新的变化，应该找什么部门哪些人帮助他解决问题。小O表示收获很大，以前没有厘清的思路更加清晰了，对行里情况有了更加宏观的、历时性的了解，也更加佩服领导的运筹帷幄，以后要多多向领导请教。而在与部门同事沟通的过程中，他买了奶茶，真诚道歉并虚心求教，同事也表示没什么，原谅了他，初步沟通比较顺畅。社会工作者表示为小O感到高兴，鼓励他继续通过主动咨询、主动汇报与主动参与等方式加强与领导和同事之间的交流。

（三）介入后期

第六次面谈中，为进一步巩固介入效果，社会工作者决定帮助小O构建良性互动的社会支持网络，构建更有效的问题预防机制。首先，社会工作者鼓励小O加强与家人的联系。在小O谈到他与家人之间的关系时，小O表示父母对他很关心，经常主动问候他，但小O一般不与父母谈工作，一是觉得他们可能不懂，二是不希望他们为自己操心，所以他父母对人民银行的工作不了解，总以为他“钱多事少离家近”，每次快到周末就会打电话来问他回不回去。然而，虽说父母家就在县城下面的农村，但小O回趟家还是要倒几趟车，比较麻烦。小O周末原本就经常加班，这样一来，就更少回家了。所以父母就会埋怨他不顾家，对他工作方面的支持也比较少，加上他的年龄在农村早该结婚生子，因此父母经常会催婚，小O也会因此而烦恼。社会工作者建议他主动和父母聊自己的工作，让父母对自己有更全面的了解，减少他们对自己的误会，同时也可减轻他们施加的催婚压力。小O表示会尝试与父母多沟通，多和他们谈论自己的工作，让他们更理解自己。

其次，社会工作者鼓励小O可以利用运动和摄影的特长，尽可能多地参与单位组织的集体活动，丰富自己的业余生活，提升生活质量，找寻工作以外的人生意义，同时向外界展示自己，且扩大社交圈。小O表示之前在咨询业务问题时，已经改善了与领导和同事的关系，效果不错，今天会继续努力，在非工作领域也加强与大家的交往，比如参加短跑和气排球的相关运动，或者有合适的机会给行里的活动当摄影师，多给同事们拍摄照片，以改变领导、同事对自己内向木讷的刻板印象，进一步改善职场关系，以在情感交流、信息获取、问题解决等方面获得更多支持。

再次，社会工作者向小O提供了缓解职业压力的其他方法。比如养成写日记的习惯，在日记中进行情绪的发泄，并可进行阶段性的复盘，来了解自己的进步和问题所在。再如，可以使用性格测试、职业兴趣测试等多种专业测量工具来更加科学地了解自己，或者多与身边经验丰富的职场人士交流，让他人帮助自己指点迷津。

接下来，社会工作者邀请小O填写压力后测量表，发现服务对象的压力值已经降低至普通人的正常水平。社会工作者告知小O服务将告一段落，带领小O回顾整个个案介入过程，鼓励小O分享自己在此过程中取得的成果，以帮助其巩固学到的压力处理技巧。

最后，社会工作者与服务对象对个案介入的效果、社会工作者所运用的策略、方法和技巧进行了评估，双方均认为个案工作的效果较好，社会工作者的服务符合服务对象需求。

五、总结评估

（一）过程评估

介入初期，服务对象因行长的介绍认识了社会工作者，以为社会工作者是行长派来说教和“监视”他的，对社会工作者有一定抵触情绪。压力测评也是敷衍了事，没有体现自己的真实水平。

介入中期，社会工作者用自己的真诚打动了服务对象，服务对象表现得比较配合，逐渐能够对社会工作者坦诚相告，第二次和第三次面谈的服务时间都达到了一个半小时。经过面谈，服务对象对自己的问题有了更清楚的认识，学习了压力放松的小技巧，端正了心态，找到了自己的两大优势——学习能力和写作能力，从而更加自信，明确了努力的方向。同时，在社会工作者的引导下，服务对象积极改善职场人际关系，以获得更多的社会支持。由于在实践中社会工作者的建议都显现了一定的效果，因此服务对象对社会工作者的信任程度更高，工作也更加舒心。

介入后期，服务对象已经初步摆脱了职业压力的困扰，情绪方面恢复良好，并愿意尝试向父母透露工作状况，加强沟通，以获得家庭的情感支持。同时，希望通过兴趣爱好缓解工作压力，拓展社交圈。服务对象回顾了整个活动过程，认为自己在活动中受益匪浅，不仅走出了压力的泥沼，摆脱了慌乱的处境与状况，还学到了看待问题的优势视角和为人处世的方法，对未来较有信心。最后，服务对象对社会工作者的服务表示满意和真诚的感谢，认为社会工作者在服务中展现出的态度和方法让服务对象获得了非常及时的帮助，较好地满足了自己当下的需求。

（二）结果评估

从服务目标的达成情况来看，服务对象的工作压力得到了明显缓解，工作状态得到了提升，社会支持网络有所拓展，家庭关系得到了好转。服务结束后一个月的回访中，社会工作者了解到服务对象工作更加得心应手，有了疑惑也会找领导和同事主动沟通。工作任务尽管依然烦琐，但是服务对象不会像以前那样感到紧张了，他认识到越是能在有限的时间内将千头万绪的事情处理好，就越能证明一个人的水平。同时，服务对象的心态也更加平和，不再过于计较付出多而回报少。除了工作，服务对象也抓住机会为同事、父母摄影，在上下班途中、吃饭时拍摄自己满意的照片发至朋友圈，得到了很多人的交口称赞，展示了自己工作外的另一面，融洽了人际关系。在健康方面，服务对象头痛症状减轻，睡眠质量更高。据社会工作者观察，服务对象已不是初次见面时闷闷不乐、精神疲惫的样子，而是呈现出更加活泼开朗的情绪状态。根据行长的反馈信息，服务对象近期在工作上更愿意动脑筋而不是光下笨功夫，看问题的能力有所增强。同事们反映服务对象工作上减少了抱怨，吃饭时也不再像从前一样一个人坐在食堂一角看手机，而是和同事坐在一起有说有笑。综合以上各方面信息，可以判定，本次个案服务的目标基本实现，服务对象的需求基本得到满足，社会工作者的介入取得了实质性效果。

从服务对象压力前后测的结果来看，通过服务，服务对象的压力值已经由开始的46分（较高水平）降低为23分（正常水平）。说明服务效果较好，服务任务完成的程度和质量较高。

六、专业反思

经过6次个案服务，社会工作者总结了如下宝贵的实践经验。一是了解服务对象的基本情况非常重要，但了解途径并不只有通过服务对象自身的讲述，有时候服务对象身边的人，尤其是领导更能够提供全面且客观的信息，为职场中的服务对象指明问题所在，把控职业发展方向。二是要全面看待服务对象所处的环境，利用同理心设身处地地为服务对象着想，而不是想当然地认为服务对象会自然而然地变得更好，要多给予服务对象一点耐心与理解。服务对象对社会工作者这样一个陌生人很可能需要经历"不信任—信任"的过程，社会工作者唯有以真诚和专业态度才能得到服务对象的配合。三是再完美的建议也只是一个假设，最重要的是想办法让服务对象付出行动，就应该加强"监督"和陪伴，实时把握服务对象的行动节奏。

社会工作者回顾整个个案，认为此次介入也存在未尽之处。由于实务水平和实务经验有限，社会工作者在个案介入过程中有时表现得较为急躁，没能很好地控制服务节奏，对服务对象有说教的一面，显得有些急于求成。同时，因对社会工作的技巧运用得不够熟练，社会工作者对服务对象的关心和支持还可能存在不够到位的情况，服务对象从业压力的纾解很大程度上有赖于其自身的聪明才智和主观意愿，他在转变观念、自我减压与自我调适等方面的能力较强，给社会工作者服务的开展提供了极大的便利，如果换成其他思考力和行动力更差的服务对象，可能服务的开展就不会如此顺利。

七、督导点评

通过本案例的陈述，可以认为社会工作者为央行县级支行基层员工开展的压力纾解工作积极有效。该案例中服务对象存在着央行县级支行基层员工普遍面临的问题，如工作繁杂，身兼数岗，节奏较快，身体超负荷，回报较少，收入待遇低，晋升机会渺茫等，这些使得基层员工对工作多有抱怨，离职意愿明显。社会工作者根据服务对象存在的需求，基于职业压力理论、社会支持理论和优势视角理论，对服务对象进行危机介入，综合运用了观察、专注、倾听、同理、自我披露、鼓励、建议、忠告等多种服务技巧，与服务对象共同制订并陪伴执行了服务计划，对服务对象的压力问题进行了较有针对性的调适。通过挖掘服务对象自身的潜能和优势，改变服务对象的非理性信念，协调服务对象与领导、同事和父母的关系，疏导了服务对象的负面情绪，提升了服务对象的信心，改善了服务对象的职场支持网络，增进了服务对象的家庭关系。

总的来说，社会工作者在以下方面完成得较好。一是介入方式规范。社会工作者能够严格按照社会工作介入的通用模式开展介入工作，以服务对象需求为出发点，依循以终为始的工作逻辑，一步一步帮助服务对象解决问题，满足需求。二是优势视角运用得较好。社会工作者保持专业敏感度，在预估时，不仅看到了服务对象的问题，也看到了服务对象的优势，在后续介入时，能结合服务对象优势，给出合理建议，符合社会工作专业要求，也契合服务对象自身需求，为保障最终介入效果奠定了基础。三是结果评估的角度比较全面。社会工作者能够突破服务对象单一评价主体，邀请服务对象的领导和同事对其进行评估，同时还运用定量和定性相结合的方式进行评估，夯实了结果评估的可靠性。四是介入环节安排合理。社会工作者在开展介入时，能够根据服务对象实际需求，合理安排介入活动的地点、时长，嵌入不同层次、不同内容的介入任务。社会工作者优先解决服务对象最紧急的情绪问题，然后聚焦职业能力提升这一职场生存的基础进行介入，再围绕改善社会支持网络，找到生活的多元价值，为服务对象构建全方位的压力化解方案。这些环节环环相扣，在时间、空间上设计良好，有效满足了服务对象的各种需求，激发了其内在活力，提供了强劲的进步动力。

当然，该案例也存在部分值得改进之处：一是从个案工作记录来看，并未交代服务对象所用的压力量表的具体信息。结果显示，虽然经过个案服务，服务对象使用量表获得的分数大幅降低，但如能更翔实地交代量表的名称或出处，则结果更具说服力。二是宏观层面的介入偏少。社会工作强调“人在情境中”，非常重视所处环境对个体的影响。事实上，本案例服务对象所处的职业环境不是个例，而是普遍存在的，有必要在宏观环境上做一定程度的介入，改善整体的职场环境，进而促成个体问题的解决和个体需要的满足。例如，社会工作者可以发挥银行的作用，在员工培训和团建活动中融入社会工作元素，给予更多有类似处境的员工以更大的支持。

思考题：

1. 请以服务对象小 O 为例，试分析中央银行县级支行基层员工存在哪些职业压力？导致这些职业压力的原因又有哪些？

2. 针对服务对象小 O 的职业压力，社会工作者是如何介入的？哪些经验可以借鉴？

参考文献：

[1] SALEEBEY D. 优势视角：社会工作实践的新模式 [M]. 李亚文，杜立婕，译. 上海：华东理工大学出版社，2004.

[2] FRENCH J R P Jr, CAPLAN R D, VAN HARRISON R. The Mechanisms of Job Stress and Strain [M]. Chichester, England: Wiley, 1982.

[3] SIEGRIST J. Adverse Health Effects of High-effort/Low-reward Conditions [J]. Journal of Occupational Health Psychology, 1996, 1 (1): 27.

[4] VAN DER DOEF M, MAES S. The Job Demand-control (Support) Model and Psychological Well-being: A Review of 20 Years of Empirical Research [J]. Work & Stress, 1999 (2): 87-114.

[5] 楚克群，宋国萍. 付出—回馈失衡工作压力理论的迁移、拓展与展望 [J]. 心理科学进展，2016，24 (2)：242-249.

[6] 王亮. 优势视角理论国内研究综述 [J]. 社科纵横，2018，33 (12)：73-76.

[7] 张青，任小平. 论社会工作理论在医务社会工作实务中的应用 [J]. 医学与哲学，2014，35 (2)：43-46.

案例五

“人企共赢迎未来”汽车零部件企业员工归属感提升的小组工作介入[①]

一、案例背景

近年来，新型冠状病毒的大面积传播给我国经济带来了巨大的冲击，重振经济成为当下最重要的任务。汽车零部件企业作为我国汽车产业链的核心，其客户包括各大整车制造商，订单主要依赖于各类乘用车、商务车的销售。由于经济下行的状况在一定程度上挫伤了人们的信心，加上新型出行方式日益多元，消费者的购车意愿明显降低。2020 年全年，全国狭义乘用车（主要包含轿车、MPV 和 SUV 等）的整体销量为 1928. 8 万辆，同比下降了 6. 8%，这就直接导致汽车零部件企业的订单不足，同行竞争日益加剧，原材料价格大幅提升，人力成本逐年增加，物流成本不断上涨。残酷的市场竞争不可避免地将压力从企业传递和转嫁给员工，引发汽车零部件企业的员工普遍工作投入度下降，对企业缺乏安全感和归属感。

员工归属感是指员工工作一段时间后，通过与企业之间的相互了解、相互作用，从而对企业产生信任与眷恋，在工作时具有责任感和事业心的状态。员工归属感的缺失给企业带来的影响是极为负面的，将造成组织整体绩效水平下降，经营成本增加，离职率上升，对企业的稳定和长远发展带来挫伤。同时，较弱的员工归属感意味着员工对企业的理念、管理方式等缺乏深

① 活动撰稿人：李晨，指导老师：洪泸敏。

层认同，将会直接影响员工的工作投入度、工作满意度，从而对员工的长期职业生涯发展产生不良影响。反之，员工归属感的提升不仅能加深员工对企业的认同，加强团队凝聚力、向心力和竞争力，促进劳资之间和谐关系的形成，还能够提高员工的自我约束力和组织忠诚度，使员工对组织目标和价值观抱以强烈信念和认同感，对维持组织成员身份抱持强烈愿望，自愿为组织作出贡献，增加组织公民行为，充分发挥其主观能动性，为企业创造出更大的价值。因此，如何通过提升员工归属感来提高企业绩效成为汽车零部件企业管理者面临的重要议题。本案例借助员工协助计划为企业创造强烈的员工归属感，不失为一种有益的尝试。

员工协助计划（Employee Assistant Program，EAP），也被称为员工援助计划或员工帮助计划，起源于20世纪70年代的美国，最初用于解决员工酗酒、吸毒和服用不良药物带来的心理障碍，目前在国外企业中已发展为一种流行的系统性压力管理方法。作为组织为员工提供的一套系统长期的福利与支持项目，通常是由专业人员对企业现有状况进行诊断，为员工及家属提供专业指导，解决他们各种影响工作表现的行为和心理问题，从而提升员工的工作绩效并改善组织的工作氛围。主要包括以下内容：咨询服务，如工作适应、生活困扰、身心健康、职业生涯发展、法律和信息等方面的咨询；员工教育，如新员工职场适应、心理健康推广、团队协作等方面的教育；员工福利，如提供急难救助、助学金、托儿托老服务等福利；休闲娱乐，如举办休闲、联谊等活动；员工申诉，如通过书面、电话或面谈的方式处理员工投诉；组织发展，如为企业发展提供相关建议等。20世纪90年代末，随着外资企业涌入中国，员工协助计划作为组织人力资源管理的辅助手段被引进中国企业，并获得蓬勃发展。在当前形势下，为提升汽车零部件企业员工的组织归属感，使员工对企业前景充满信心，降低企业的沟通成本及管理费用，保持企业发展的稳定性和后劲，面向汽车零部件企业开展员工协助计划值得期待。

（一）B企业发展概况

宁波市B汽车零部件有限公司（以下简称B企业）成立于2004年10

月，是世界公认的动力及传动系统技术领袖——BG 在中国的独资公司之一，位于宁波市鄞州投资创业中心。长期以来，B 企业旨在为轻型、中型和重型车辆以及非公路应用的清洁驱动系统和高效技术提供解决方案，主要客户涵盖上海通用、福特、奥迪、上海大众等企业。B 企业发展至今，已初具规模，目前厂区内分别建有一期厂房（2006）、二期厂房（2011）、NEC 大楼（2011）、JV 仓库（2012）以及 Morse 厂房（2012）等。

截至 2021 年 8 月，B 企业拥有员工已超过 1000 人，以 25~35 岁的男性为主，大多从事机械加工、装配、仓储等方面的专业技术工作。总体学历水平普遍较低，大专及以下学历者占到六成。企业内资深员工不多，七成员工工龄在 6 年及其以下，超过四成员工工龄在 3 年及其以下。在用工类型上，劳务派遣工占了一半，合同工接近三成。收入状况方面，约一半员工月薪在 8000 元及其以下，约三成员工月薪为 8001~13000 元，约两成员工月薪为 13001 元及其以上。

（二）B 企业员工归属感基本状况

按照洪泸敏等（2019）开发的员工归属感量表，员工归属感包含公平感、价值感、认同感、使命感和成就感 5 个二级指标和 14 个三级指标。运用该量表在 B 企业开展问卷调查，375 份有效问卷的结果表明，以 5 分为满分，企业内员工归属感的平均值为 3.92 分，中值为 4.2 分，极小值为 1.47 分，极大值为 4.93 分。说明员工总体归属感偏低，且员工内部的归属感呈现出较大的差异。从员工归属感的 5 个二级指标来看，其中公平感均值为 3.893 分，价值感均值为 3.940 分，认同感均值为 3.890 分，使命感均值为 3.936 分，成就感均值为 3.955 分。

调查结果表明，女性员工的归属感低于男性；健康状况“一般”及其以下的员工的归属感低于健康状况“良好”及其以上的员工；学历低的员工的价值感、认同感和成就感低于学历高的员工，但学历高的员工的公平感和使命感要低于学历低的员工；36~45 岁的员工其公平感、价值感、使命感和成就感高于其他年龄段的员工，25 岁及其以下的员工的认同感高于其他年龄段的员工；工龄 10 年及其以上的员工的公平感、价值感和使命感高于其他年龄段的员工，工龄 4~6 年的员工的成就感高于其他年龄段的员工，工龄 3 年及其以下的员工的认同感高于其他年龄段的员工；单身员工的公平感和使命感要低于已婚员工，已婚员工的价值感、认同感和成就感低于单身员工；工勤岗位员工的公平感、价值感、使命感和成就感最高，专技岗位的员工的认同感最高；合同工的公平感最高，劳务派遣工的使命感和成就感最高，实习生及其他类型员工的价值感和认同感最高。同时，收入状况对价值感的影响显著，月薪为 13000 元及其以上的员工的公平感最高，3000 元及其以下的员工的认同感最高，8001~13000 元的员工的价值感、使命感和成就感最高。

为了对 B 企业员工实施帮助，提升员工对企业的归属感，激发其劳动自主性和创造力，社会工作者决定于 2021 年 7—11 月在 B 企业开展“人企共赢迎未来”员工归属感提升小组。之所以选择小组工作作为介入方式，是由于汽车零部件行业的从业人员年龄较轻，工作内容复杂，面临的问题存在共性。将其聚集在一个小组中，组员们会围绕共同的问题进行分享和交流，可以在相互理解与沟通的基础上，彼此鼓励，共同探讨，同步学习，从而使员工的凝聚力得以提升。在 B 企业领导和相关工作人员的支持下，社会工作者获得了开展活动的场地和资金。依据自愿参加的原则，工龄在 6 个月及其以上，且近期未接受过相关干预的员工皆可参与本小组。社会工作者招募了 10 名组员，其基本情况如表 1 所示。小组成员性别比例对等，有 5 名男性和 5 名女性；年龄在 24~46 岁；大专及其以上学历有 9 人，文化层次较高；4 人为管理岗位，4 人为专技岗位，2 人为工勤岗位。

表 1　小组成员情况

组员	性别	年龄	学历	工作职位
A1	女	38	本科	管理岗位
A2	男	24	大专	专技岗位
A3	女	30	大专	专技岗位
A4	女	28	硕士	管理岗位
A5	男	33	本科	工勤岗位
A6	男	39	高中	专技岗位
A7	男	25	本科	工勤岗位

续表

组 员	性 别	年 龄	学 历	工作职位
A8	女	46	大专	管理岗位
A9	男	27	大专	专技岗位
A10	女	33	本科	管理岗位

二、需求评估

社会工作者根据组员的问卷调查结果，评估分析出组员有提升认同感、公平感、使命感、价值感和成就感 5 个方面的需求。一是增强认同感，包括增强对企业价值观、管理风格、经营发展理念、工作氛围、组织文化和规章制度的认同。二是提升公平感，员工期待在企业获得与付出相符的报酬，企业的管理制度能够做到公平公正，上下级之间实现平等的交流。三是树立使命感，让员工在企业长期稳定地发展下去，对自己的工作做到尽心尽责，富有执行力。四是培养价值感，发掘员工在工作中的优势，进行充分授权，实现员工在企业中的价值，帮助员工赢得领导的正面评价。五是获得成就感，让员工因为自己完成了工作任务而自豪，让员工为自己的付出得到领导的尊重和肯定而高兴。

三、服务计划

（一）理论基础

1. *成就需要理论*

成就需要理论由美国心理学家麦克利兰于 20 世纪 60 年代提出，是指当个体的物质性需要基本得到满足后，支持性需要就上升到较为迫切的位置。其中支持性需要包括成就需要、权力需要与亲和需要。成就需要是指个体追求优越感的驱动力；权力需要是指个体通过影响或控制他人获得地位和影响力的需要；亲和需要是指个体与他人建立友好亲密关系的需要。

本案例结合成就需要理论进行员工协助计划的设计，在帮助员工争取物质性需要的同时，也关注员工的支持性需要。在成就需要层面，社会工作者通过设立员工职业生涯规划等环节帮助员工设定具有挑战性的目标；在权力需要层面，社会工作者通过促进上下级沟通帮助员工获得地位和影响力，从而建立在组织中的价值感；在亲和需要层面，社会工作者帮助员工与他人建立友好亲密的关系，使员工加强对企业文化的认同感，从而提升员工对企业发展的使命感。

2. 增能理论

增能理论是由美国学者所罗门在20世纪70年代提出。增能理论主要发生在以下3个层面：一是个人层面，指个体有能力去影响或解决问题；二是人际层面，指个体能同他人合作解决问题；三是政治层面，指改变对个体产生压迫的政策或规则。

根据增能理论，本案例的主要目标就是通过开展员工协助计划，助力提升B企业的员工归属感。在个人层面，社会工作者需要让企业员工感受到自己在工作时具备价值感和成就感，拥有独立解决问题的能力和自信，可以充分发挥个人潜能，成为企业的资源和力量。激发员工的使命感，使其具有责任意识和能动性对企业产生一定的影响力，为企业的发展注入更多的活力和创造力，以提升企业绩效。在人际层面，通过员工间的相互协作，加强员工的人际交往能力和团队合作沟通能力，提升员工的团队凝聚力和企业认同感。在政治层面，社会工作者促成企业内部上下级之间达成有效的沟通，改变员工觉得不合理的组织内部规则，建立员工的公平感。

（二）小组目标

总目标：通过员工归属感提升小组，促使员工与企业形成利益共同体、事业共同体和命运共同体，使员工具备企业主人翁的意识，认知认可、理解赞同、接受笃行企业的价值取向、经营目标、规章制度、组织文化和团队精神等。提升员工的工作投入度和组织融入水平，充分发挥主观能动性，为组织创造出更多的价值，实现员工个人和企业的共同目标。

具体目标包括5项：一是加强员工对企业的认同，促使员工将自己和企业作为不可分割的共同体，逐步理解、接受、同化与内化企业文化，并对工作团队产生认同，帮助组织实现信任、尊重、理解与融洽的人际关系，以及包容、互助与合作的良好氛围。二是树立员工的公平感，通过宣传和沟通，促进员工对企业的要求、目标、理念与制度的理解，尤其是对于企业内部分工的严密性、生产管理的严格性与组织纪律的严明性的认可。三是培养员工对企业的使命感，促使员工产生强烈的自律意识和责任感，调动员工的内驱力而形成自我激励，自觉按照企业的要求去履行自身职责，践言笃行。四是增进员工在工作中的价值感，肯定其在组织中的责任担当、能力水平和地位贡献，使其对工资待遇、激励条件等感到满意，从而调动员工的积极性和创造性，提升其竞争力，帮助其实现个人人生价值。五是帮助员工在工作中寻找成就感，产生对企业和自身岗位的荣誉感。帮助员工与企业的决策者、管理者沟通，加强领导者在日常工作中对员工的尊重和肯定。

（三）小组活动方案

本小组前后共安排了 6 次小组活动，时间为每周五下午 4：00—5：00，所有活动前后历时两个月。地点在 B 企业员工活动室。具体活动安排如表 2 所示。

表 2　小组活动方案

主 题	目 标	内 容	所需物资
第一次 破冰之旅	1. 明确小组目的和期望；2. 组员相互熟悉，建立专业关系；3. 订立小组契约；4. 帮助组员初步了解组织归属感	1. 社会工作者介绍本次小组活动的主题、目标及内容，组员“名字接龙”，进行自我介绍，相互认识；2. 破冰游戏：“同舟共济”；3. 订立小组契约；4. 认识归属感；5. 填写“前测问卷”	签到表； 签字笔； 契约书； 前测问卷
第二次 我爱 B 企业	1. 加强员工对企业的认同；2. 促进员工对工作团队的认同；3. 帮助企业构建信任、尊重、理解、融洽的人际关系和包容、互助、合作的良好氛围	1. 观看 B 企业宣传片，认识企业文化；2. 围绕组员在工作中印象最为深刻的一件事或者公司带给自身的最大改变，举行“我和 B 企业的故事”即兴演讲活动，颁发小奖品；3. 团队游戏：“抹地板赛跑”，促进员工之间的互相帮助和真挚友谊；4. 社会工作者进行活动总结，引导员工对 B 企业提升认同感	电脑； 投影仪； 话筒； 钥匙串（奖品）； 抹布； 黄色胶带

续表

主题	目标	内容	所需物资
第三次 品读B企业	1. 促进员工对企业的要求、目标、理念与制度的理解；2. 加强员工对企业公平性的认知和认同	1. 举行茶话会，由组员分享交流“我眼中的B企业”；2. 组员投放小纸条：“我为企业建言”；3. 社会工作者总结组员发言，提炼员工对B企业公平感的解读	签字笔；零食；水果；小纸条；投票箱
第四次 天生有我	1. 培养员工对企业的目标使命感与责任感，促使员工对自身的职业生涯负责；2. 促使员工增强积极主动性，按照企业的要求去履行职责	1. 组织组员进行职业人格评估工具MBTI测评和SWOT分析，开展职业生涯规划；2. 邀请企业资深人力资源专员帮助分析职业生涯发展路径实行的可操作性及方法策略；3. 社会工作者总结本次小组活动，鼓励员工将自身命运与企业目标统一起来	签字笔；MBTI量表；A4纸
第五次 飞跃平凡	1. 梳理组员为企业作过的贡献；2. 帮助组员体验到在企业中的价值，鼓励其用投入的态度面对工作中的问题，积极乐观地为企业作贡献	1. 热身游戏：“我有你没有”，组员各自分享自己曾经做过但是别人没有为企业做过的事，打开话题并增进组员间的相互了解，活跃气氛；2. 主题发言：“我自信，我骄傲，我为企业作贡献”	签字笔；A4纸
第六次 筑梦未来	1. 帮助组员寻找在组织中获得成就感的方法；2. 让管理层了解员工的心声，帮助员工获得成就感；3. 回顾活动过程，巩固所学知识，处理离别情绪	1. 社会工作者讲述赫兹伯格“双因素理论”，引导组员思考有哪些获得成就感的方法；2. 收集员工提出的方法，并反馈给企业管理层；3. 主题活动：“成果大拼盘”，邀请每位组员总结自己参加小组以来的收获；4. 填写“后测问卷”；5. 合影留念，总结与致谢	签字笔；A4纸；后测问卷

四、实施过程

小组初期的“破冰之旅”主要任务是建立关系与制定规范。中期的活动包括5次小组活动，活动主题分别为："我爱B企业""品读B企业""天生有我""飞跃平凡""筑梦未来"。其中，"我爱B企业"活动旨在提升组员对B企业的认同感，将个人的发展与企业的发展相统一；"品读B企业"活动是增强组员对企业公平感的认知，树立企业在组员心目中的形象；"天生有我"活动是培养组员对企业的使命感，帮助组员加强职业规划；"飞跃平凡"活动是帮助组员寻找在企业中的价值感，帮助其克服工作中的困难；"筑梦未来"活动是帮助组员在企业中获得成就感，使管理层了解组员的需求。最后一次活动"筑梦未来"对整个小组工作进行了总结，帮助组员巩固所学知识，并了解活动对组员的影响。

（一）小组初期

第一次小组活动是后期活动顺利开展的基础。活动伊始，社会工作者用简单、通俗和清晰的语言向组员介绍了小组活动的主题、目标、每期活动开展的时间以及大致内容。接下来，社会工作者以真诚、温暖与尊重的态度鼓励组员进行自我介绍，通过"名字接龙"游戏促进社会工作者与组员、组员与组员之间相互认识，帮助组员尽快熟悉团队；并通过"同舟共济"游戏进行破冰，减少组员间的陌生感，增强信任感与安全感，使其尽快融入团队。在该环节，社会工作者仔细观察每位组员的内心情感变化，充分了解和接纳组员的个别化，以使得后续服务设计更加切合每位组员的需求。然后，社会工作者与组员共同订立服务契约，以平等、商量的语气使组员愿意接受小组规则的约束，遵守小组内部的纪律。接着社会工作者向组员详细介绍了什么是员工归属感，员工归属感的形成过程、影响因素以及加强员工归属感的方法，让组员对员工归属感有了初步了解。最后，社会工作者给员工发放归属感问卷，测量员工的归属感水平。整个服务过程，社会工作者都尽量选择组员易于接受的方式进行沟通，始终用"我们"一词代替"你们"，让组员感受到社会工作者与组员是一体的，小组是组员能够获得放松、情感共鸣与支持的团体。

（二）小组中期

第二次小组活动"我爱B企业"中，社会工作者通过播放B企业宣传片，帮助组员熟悉企业的发展历程和取得的成就，进一步明晰企业的经营理念、经营决策、企业精神和行为规范，引导组员将企业的整体目标与自身的理想、信念、利益、价值和需求相结合，激发员工对企业的荣誉感和忠诚感。通过举行“我和B企业的故事”即兴演讲活动，鼓励组员讲述在工作中印象最为深刻的一件事或者公司带给自身的改变，引导组员思考在企业中获得的成长，感恩企业为自身提供的薪酬待遇等物质条件、培训晋升等发展机会、授权参与等组织资源以及尊重肯定等情感满足，培养员工爱岗敬业、爱企如家的行为取向和价值观念。在该环节组员个性分化较为明显，在垄断性组员的压力下，沉默的组员显得退缩。对此，社会工作者保持了足够的敏感度，运用热情活泼的话语，协助并鼓励沉默弱势的组员尽可能地参与活动。最后，社会工作者借助“抹地板赛跑”的团队游戏，在小组营造活泼健康、团结向上的氛围，促进员工进一步沟通融合。

第三次小组活动“品读B企业”中，社会工作者组织组员分享交流“我眼中的B企业”话题，让组员各抒己见，畅所欲言，阐述对B企业的目标、理念、要求与制度的理解，以了解组员对企业公平感的认知，分析企业在员工心目中的形象，帮助组员顺利表达自身的感受。制作投票箱，让组员投放“我为企业建言”的小纸条，阐述对企业内不公平事件的看法，鼓励组员分享对企业中“付出—回报”的分配公平性的感受和程序方面的公平感受，表达自己的困惑，为企业积极献计献策。最后，社会工作者总结组员发言，提炼员工对B企业公平感的解读，引导组员通过互动，体验小组活动的乐趣，激发与其他组员的情感共鸣。本次活动结束后，社会工作者与企业高层管理者进行了沟通，将员工在工作中的困惑和感受以匿名的形式传达给管理者，以帮助企业改善管理中的问题。

第四次小组活动“天生有我”中，社会工作者重点帮助组员在企业中寻找适合的位置，鼓励组员以自身的力量为企业作出应有的贡献。社会工作者引入职业人格评估工具MBTI量表，将组员的人格根据外向（E）和内向（I）、感觉（S）和直觉（N）、思考（T）和情感（F）、判断（J）和知觉（P）等不同面向分为16种类型，并针对每位组员进行了具体分析。社会工作者指导每位组员进行SWOT分析，并鼓励全组成员共同参与，帮助其他组员厘清其优势与弱势、面临的机遇与挑战。社会工作者邀请 B 企业资深人力资源专员根据每位组员的 MBTI 量表测试结果和 SWOT 分析结果，帮助其订立未来 5 年的职业生涯目标，使其认清形势，做好职业规划，扬长避短，实现改善与提高。

第五次小组活动“飞跃平凡”中，社会工作者引导组员学会对组织绩效负责，重视工作成果，并努力为企业和团队作出贡献。在“我有你没有”热身游戏环节，社会工作者邀请组员各自分享自己曾经为企业做过但是别人没有做过的事，回顾每个人为企业作出的独特贡献。在“我自信，我骄傲，我为企业作贡献”主题发言环节，社会工作者指出员工只有看到公司的整体绩效，具备关注行为外部效应的视野，主动承担责任，思考自身专业能力与组织目标的关系，凡事想到客户和服务对象，并有意识地让别人来了解自己，才能使自己的知识和能力得到最大限度的发挥。在活动过程中，社会工作者对组员的精彩发言进行赞赏，强化组员的自信心和自尊感。

（三）小组后期

第六次小组活动“筑梦未来”中，社会工作者通过讲述赫兹伯格“双因素理论”中的激励因素和保健因素，帮助组员积极寻找在组织中获得成就感的方法，并将组员提出的方法反馈给企业管理层，游说管理者为员工的成功创造更多的机会。为帮助组员巩固在小组中学到的经验和知识，强化服务成效，社会工作者首先帮助组员回顾了小组活动的整个过程，肯定组员的成长，增强他们对企业的归属感。然后，社会工作者通过“成果大拼盘”主题活动，邀请组员们在白纸上写下他们参与小组活动以来的改变。最后，社会工作者引导组员填写归属感后测问卷，进行活动总结与致谢，并组织组员愉快地合影留念，记录下这美好的一刻。

五、总结评估

（一）过程评估

小组活动初期，面对陌生的环境，组员之间沟通较少，小组氛围较为沉闷，组员更多的是与社会工作者做简单交流，表达自己的观点也非常简洁。

小组活动中期，绝大部分组员能够准时出席活动，遵从小组活动的契约，且在社会工作者的协调下把控发言时间，让活动有秩序地进行。组员们彼此之间进一步熟悉，能够认真倾听其他组员的发言，互动的话题由纯粹的活动内容扩展至工作和生活中的其他事宜，交流的心得体会越加丰富，相互披露自己的亲身经历，收获了信任、理解与支持，小组氛围变得更加融洽，小组凝聚力进一步提升。随着组内沟通的加强，组员参与活动的积极性也有了提高。组员认为社会工作者设计的活动富有意义且具有吸引力，引起了组员的较大兴趣。当然，成员在小组中的表现和投入状况还存在着差异，如有的组员积极主动，认真投入活动，有的则表现较为被动，更多持观望或沉默态度。

在社会工作者的引导下，组员认识到只有将个人的命运与组织的发展高度统一，将个人的荣辱得失与组织的兴衰成败紧密相连，员工自觉心系企业，为组织分忧，才能增强企业的凝聚力，最大限度提升企业的整体效能。组员在分享环节提出企业要做到信息与任务相匹配，凡是涉及战略方向、组织绩效、投入产出比、部门变动及企业政策调整等影响工作有效性的信息，应当及时让员工知悉；同时还要做到贡献与收获相匹配，凡是涉及员工个人绩效考核方法、薪酬待遇分配、晋升条件和原则等信息，应当公开透明。只有这样，员工才能接受工资待遇有高低与晋升机会有多少的客观事实，避免心理失衡，以及互相拆台、嫉妒等不良后果。组员还指出企业如果能够提供更多的参与机会，赋予员工明确的权力和责任，则能在工作中更加积极主动和自觉自控，更加富有使命感；如果能够加强工作内容的创新性和挑战性，加强上级的指导和反馈，加强同事的互相沟通和协助，则能增强工作中的价值感和成就感。在活动中后期，组员积极思考自身对企业的价值、使命和贡献，剖析到底需要为自己设定什么样的标准，争取怎样的自我发展路径，学习哪些知识和技能，将自身的哪些优点发挥在工作上，才有助于为企业作出贡献。

最后一次小组活动中，组员在社会工作者的引导下，回顾他们参与小组活动以来的改变，总结自己的活动收获，认为本次小组活动为其职业生活注入了新的动力和希望。然后通过写寄语与合影的方式处理离别情绪，组员明白小组的结束并不意味着已建立的小组关系走向终结，今后还有机会可以在微信群聊和线下聚会中共同面对和处理问题，组员均能积极乐观地面对小组活动顺利结束的事实。

（二）结果评估

在小组活动正式开展前，社会工作者邀请全体组员填写了归属感前测问卷。活动结束后，社会工作者邀请组员填写了归属感后测问卷，通过对比前后测问卷得分，可以分析小组开展的效果。由表 3 可知，小组活动前，组员的归属感均值为 1.76 分，最高值仅为 2.79 分，所有组员的归属感均未达到 B 企业员工归属感的总体均值 3.92 分，说明 10 名组员的归属感较低。小组活动结束后，组员的归属感均值达到 3.80 分，与 B 企业员工归属感的总体均值 3.92 分缩小了不少，有 4 名组员的归属感分值甚至高于 3.92 分。10 名组员的归属感均有一定程度的提升，其中最高增幅达 2.64 分，最低增幅也达到 0.85 分。因此，可以认为社会工作者通过小组活动对组员进行干预，使得组员的归属感有了显著提高，组员意识到对企业除了应具有态度上的忠诚，还要在行为上具有强烈的责任感和使命感，能够把维护企业利益放在首位。

表 3　组员归属感前后测均值（分）

组 员	前测均值	后测均值	均值差
A1	1.50	3.71	2.21
A2	1.50	3.93	2.43
A3	2.79	3.64	0.85
A4	2.36	4.21	1.85
A5	1.43	3.57	2.14
A6	1.21	3.50	2.29
A7	1.64	3.43	1.79
A8	1.64	4.07	2.36
A9	1.57	4.21	2.64
A10	1.93	3.71	1.78
全体均值	1.76	3.80	2.04

六、专业反思

本案例中，社会工作者基本实现了小组的目标，满足了小组成员的需求，但仍存在一些不足和局限之处。

首先，组员选取方面存在局限。本案例仅选取B企业的员工作为小组成员，未能囊括更多的汽车零部件企业的员工，一定程度上影响了小组活动有效性的判断。如果有机会再次开展小组活动，可遴选多个汽车零部件企业的员工成为组员，使样本更具代表性，案例的结论更加严谨。

其次，小组工作过程方面存在局限。一是少数组员不能按时参加活动。针对这一问题，在活动开展前，社会工作者应线上确认每一位组员能否准时出席，对于两次及其以上不能准时出席的组员，需要对其进行个别面谈，了解其不能出席的真正原因，帮助其解决相应问题。二是活动的部分环节衔接不够。针对这一问题，社会工作者应加强对小组各个流程与环节的熟悉程度，准备好过渡活动，把握好活动节奏，并及时提醒组员，使其注意力始终停留在小组内。

最后，目前B企业中涉及员工福利或活动的部门看似不少，有工会、行政部、人力资源部等，但在专门为员工开展心理调节、情绪舒缓、激发斗志等方面却缺乏深度关怀。企业社会工作者应持续地开展相关的高品质的社会服务，为员工提供更多的福祉。

七、督导点评

疫情下员工的高频流失是困扰企业发展的重大议题之一。本案例面向受疫情冲击较大的汽车零部件企业，开展提升员工归属感的社会服务，具有较强的现实意义。案例中社会工作者能够灵活地运用自我披露、积极倾听、鼓励和建议等技巧：通过分享自身经历，减少和组员之间的陌生感；始终扮演伙伴的角色，积极倾听服务对象的问题，鼓励和引导服务对象进行观点的阐述，建议组员深入挖掘自身优势，增强自信。在小组活动的不同阶段，社会工作者及时转变自身的角色，为组员提供必要的支持和服务。前后测问卷调查为小组工作的必要性和效果的显著性提供了数据支撑，增强了说服力。小组活动中，每一位独特的组员通过观察其他组员的表现，倾听他人的观点，学习他人的经验，分享自身的看法、经历和感悟这种间接经验的学习，以此获得新的视角和经验。

本案例积极调动了企业方的资源。事实上，汽车零部件企业员工归属感的提升是一个系统工程。虽然小组工作能够在一定程度上提升组员的归属感，但更为宏观的企业管理机制的改善能够更大规模地提升全体员工的归属感。实践中，管理者的领导风格、企业规章制度、企业文化等是影响员工归属感的可能因素。活动伊始，社会工作者即和B企业管理层积极沟通，使管理层明白员工对企业的认同感和归属感会转化为他们对企业的忠诚感，这有助于企业留住人才，调动员工积极性，增强和谐氛围，提升组织效率，因而得到了管理层的大力支持。活动过程中社会工作者将组员“我为企业建言”的小纸条和组员认为能够获得成就感的方法传达给管理者，同时还邀请企业资深人力资源专员根据每位组员的实际情况，为其量身定做职业生涯规划，有利于将企业打造成适合员工水平、发挥员工才能且体现员工价值的平台，使员工与企业共同成长。在小组结束时，社会工作者收到了企业的反馈，接下来企业将为员工创建学习型团队，对员工进行绩效辅导而不局限于原有的绩效评估，进一步完善员工参与制度，建立上下级对话制度等，这不仅是企业从宏观层面提升员工归属感的重要举措，也是对本次小组工作的重要肯定。

思考题：

1. 企业员工的归属感体现在哪些方面？

2. 社会工作者可以从哪些服务入手，提升企业员工的归属感？

3. 如何在企业内创造良好的工作氛围？企业社会工作者可以对此开展哪些服务？

参考文献：

[1] 乘用车市场信息联席会. 乘用车市场信息联席会（CPCA）合作报告［EB/OL］. https://www.marklines.com/cn/report/cpca022_202108, 2021-01-11/2021-08-16.

[2] 于长湖. 离职管理［M］. 北京：中国经济出版社，2008.

[3] 高帅，史婵，唐建军. 基于增能赋权视角的农户贫困脆弱性缓解研究：以太行山连片特困地区为例［J］. 中国农村观察，2020（1）：61-75.

[4] 洪泸敏，钟勇. 新常态下劳动密集型企业一线员工归属感研究——以中山市A工业园区为例［J］. 技术与创新管理，2019，40（3）：361-367+370.

[5] 姜娟. 培育企业社会资本，共建和谐园区［J］. 中国社会工作，2017（13）：42-43.

[6] 刘立祥. EAP在企业社会工作中的应用探析［J］. 社会工作，2008（6）：12-14.

[7] 沈国兵，徐源晗，袁征宇. 新冠病毒感染疫情全球蔓延对我国就业的影响及机制分析［J］. 经济问题探索，2021（12）：1-12.

[8] 张帅兵，苗慧勇，金加卫. 关系型领导与团队创新：知识共享的中介作用和员工归属感的调节效应［J］. 科技视界，2020（14）：225-228.

[9] 周泽林. 后疫情时代汽车产业如何走出成本管理困境——以汽车零部件企业为例［J］. 中国商论，2020，823（24）：42-44.

[10] CAROLINE，ÄRLESKOG，NICOLINE V，CHRISTINE A A. Balancing Power in Co-production：Introducing a Reflection Model［J］. Humanities and Social Sciences Communications，2021，8（1）：1-7.

案例六

“并肩同行”小型IT企业研发人员心理资本提升的小组工作介入①

一、案例背景

观研报告网《2021年中国IT行业分析报告——行业格局现状与发展趋势前瞻》指出：“我国IT产业在经历了三十多年的发展后，已经基本形成了产业规模庞大、专业门类齐全的IT产业体系，2020年我国IT支出达2.9万亿元人民币。”2017—2021年，IT产业经历了28%的增长速度，是同期我国GDP增长速度的3倍，IT行业现已进入高速发展期，成为所有行业中的朝阳产业。目前我国IT行业从业人员平均年薪已逾10万元，智联招聘调查显示，十大高薪行业中，互联网行业以8626元的月薪位于前列。行业前景好、就业薪水高、人才需求广、发展潜力大是IT行业从业人员的主要特点[4]。

但同时不容忽视的是，近年来，随着国际竞争的日益激烈，非市场行为导致的竞争不公平现象严重影响了我国IT产业的发展，IT产业自主化迫在眉睫。然而，IT行业高端人才严重匮乏却成为行业发展的瓶颈，大量IT专业毕业的学生没有真才实干而被企业拒之门外，还有一批行业低端人才由于转型无门而被迫转行，留在该行业内的人才必须持续打拼，才能为企业赢得竞争力，这就导致其劳动强度非同一般。《新闻晚报》曾披露：长期加班、熬夜、久坐不动、面对电脑、心情紧张等各种不良因素，导致IT行业从业

① 活动撰稿人：罗苑琪，指导老师：袁冬华。

者成为猝死、慢性疲劳、颈腰椎病、眼部疾病、心理问题等五大疾病的高发人群。

IT 企业研发人员是进行相关应用研发、技术创新的高级知识型人才，是 IT 行业的高端精英，具有专业性强、个性化、工作强度大、压力大、流动性强等特点。由于占据企业核心岗位，研发人员的工作性质要求其必须不断学习并更新现有的知识体系，甚至牺牲休息时间以换取新的技能，才能保证跟上技术发展的步伐，不被行业所淘汰。目前，IT 企业研发人员长期保持高强度的脑力工作和频繁的加班状态已成为家常便饭，而这对其生理和心理都会造成不同程度的伤害。新闻媒体曾频频报道 IT 企业研发人员在工作岗位上猝死及轻生的悲剧事件。例如，某公司 37 岁频道主编为某重点研发项目做准备连续多日加班，最终脑出血离开人世；某公司 25 岁技术研发人员连续加班后心脏衰竭死亡；某公司技术开发工程师跳楼自杀等。这给研发人员个人、家庭、企业乃至全社会都带来了不可估量的损失。因此，应当对 IT 企业研发人员这一高危群体的心理状态给予高度关注和深入研究。

在各种规模的 IT 企业中，小型 IT 企业是指从业人员 10 人及以上、100 人以下，且营业收入 50 万元及以上、1000 万元以下的经营信息产品、制造业、软件业、电信与信息服务业等主要以计算机和通信技术开发与应用为主的企业群体[2]。由于资金、人力较为短缺，管理制度不太成熟等因素，小型 IT 企业在市场竞争中常常处于生死存亡的边缘，给研发人员也带来了超乎寻常的压力。当研发人员在竞争中体验挫败，在工作中对抗压力时，小型 IT 企业难以提供充分完备的人文关怀和组织支持，从而使得研发人员往往不能很好地调节自己的心态，容易陷入焦虑、疲惫、孤独和自我否定的困境。

心理资本概念是 Goldsmith 等（1997）最早在积极心理学和积极组织行为学的基础上提出来的，用以指称个体在成长和发展过程中表现出来的一种积极心理状态，能为个体提供积极的、正向的心理能量，增强内在工作动力。Luthans 等（2005）提出心理资本是企业除财力、人力与社会三大资本以外的第四大资本因素，能够产生超越三大资本中后两大资本的价值回报，是有助于企业获得竞争优势的战略资源之一。王乐杰等（2015）认为，心理资本水平高的研发人员，对未来有更为乐观的预期，有更强的应对挫折的能力，能够积极地解决所面临的困难，并真正享受研发工作的乐趣和成就感。因此，加强小型 IT 企业研发人员的心理资本开发，提升其心理资本水平成为促进研发人员个人和企业发展的新视角。这不仅能够帮助研发人员形成适当的耐挫能力与有效的压力应对模式，还能够体现“以人为本”的理念，是企业可持续发展的必然选择，对于研发人员和企业双方都具有重要的战略性意义。

健康积极的研发人员是小型 IT 企业的宝贵财富。本案例从心理资本理论的视角出发，以江西省南昌市 K 企业为服务地点，选择了工作强度高、组织支持弱的小型 IT 企业的研发人员作为服务对象，尝试采用小组工作方法，寻求提升研发人员心理资本的实务路径，助力研发人员获得积极的心理力量，促进研发人员个体和企业共同成长，从而为通过社会工作提升 IT 企业研发人员的心理资本的相关服务提供实务参考和建议。

（一）K 企业基本概况

K 企业是位于江西省南昌市高新技术产业开发区的一家小型 IT 企业，成立于 2017 年，主营业务是互联网信息技术服务。K 企业通过区块链、云计算、大数据技术，研发券码权益分发平台 App 应用，为银行、运营商及中小商户等提供专业化信息技术服务。

K 企业规模较小，目前有员工 31 人，历年营业收入约 230 万元，因此符合小型 IT 企业的标准。企业中有领导 3 人，研发部 11 人，市场合作部 9 人，设计部 3 人，行政部 2 人，财务部 3 人。研发部人员占比最高，主要负责各类权益产品的需求对接、产品开发和平台功能开发，是企业的核心部门。

之所以选择 K 企业作为服务地点，是由于该企业作为一家小型 IT 企业，在经济实力、制度建设和管理经验等方面与大中型企业存在一定差距，能够给予研发人员的组织福利和人文关怀很少，其研发人员的心理健康状况更值得关注和介入。因此，本案例选取该企业研发人员作为服务对象具有较强的现实意义和必要性。

（二）K 企业研发人员的心理资本状况

运用 Luthans 等（2007）开发的 PCQ-24 量表，对 K 企业研发人员的心理资本状况进行测量。该量表中文版由李超平（2008）翻译和修订，经国内外研究检验，具有良好的信度和效度。该量表将心理资本分为“自信”“希望”“韧性”“乐观”4个维度，每个维度包含6道题，总共24道题。其中，“自信”指个体在自我评价上充满信心，愿意接受挑战且付出努力以获得成功；“希望”指个体坚持目标，且能根据周遭情境随时调整策略以实现目标；“韧性”指个体在逆境中能够不屈不挠，毫不妥协；“乐观”指个体对成功持有积极心态。为使量表更加符合K企业员工的实际判断水平，并将原有的Likert 6点计分法改成了Likert 5点计分法（1~5表示从“完全不符合”到“完全符合”，中值为3），分数越高代表心理资本水平越高。

问卷调查结果如表1所示，K企业11名研发人员的心理资本平均得分为2.93分，低于中值3分，表明K企业研发人员的心理资本普遍处于中等偏低水平。同时，心理资本的最小值与最大值相差1.42分，说明不同研发人员之间的心理资本水平差异较大。在心理资本的4个维度中，自信维度均值为3.29分，略高于中值3分，希望、乐观和韧性维度均值分别为2.61分、2.85分和2.97分，均低于中值3分，由此可见研发人员在心理资本的4个维度上皆有较大的提升空间。与访谈结果结合起来分析，4个维度中自信维度的均值最高，说明研发人员较为自信，这可能与研发人员受教育程度普遍较高，较有实力和才华相关。访谈中，6人认为自己能在团队中发挥较大作用，个人价值能够在公司得以体现；3人表示自己目前的工作能力不足，工作经验匮乏，并且没有找到有效的解决办法。希望维度的均值最低，超过八成的研发人员提到“前途迷茫”“发展空间小”“晋升难”等看法。由于K企业管理和晋升制度不规范，为研发人员提供的发展机会较小，晋升平台有限，由此导致研发人员对未来的希望值偏低。乐观维度的均值也较低，超过半数的研发人员表示工作让自身感到压抑，容易产生消极情绪。韧性维度的均值不高，超过1/3的研发人员表示遇到挫折“很难缓过来”“无能为力”，由此可以看出相当一部分研发人员的韧性水平不够。

为了更好地帮助K企业研发人员构建积极、正向的心理状态，获得长远发展，社会工作者希望通过小组工作介入，将K企业中心理资本较低的研发人员组成小组，促进其心理资本的提升。在选择组员时社会工作者秉持了三条原则：一是根据前述心理资本量表的测量结果，优先选取心理资本平均值相对较低的研发人员；二是自愿报名参加，小组人数设置为 5 人，以先到先得的原则，招募满额则止；三是组员同意中途不退出，全程参加小组活动。最终选取的 5 名组员的基本情况见表 2。组员全部为男性，这是由该行业同类工作岗位的“男性气质”决定的；年龄在 23~29 岁；全部为大专及其以上学历，其中 2 人有本科学历，文化层次较高；除 1 名负责人外，1 人为前端开发工程师，3 人为后端开发工程师；2 人的工作年限为 1 年以下，1 人为 2 年，2 人为 4 年，工作时间总体来说不长。5 人的心理资本值在 2.04~2.95，均低于中值 3 分。

表 1　研发人员心理资本状况（分）

维 度	平均值	标准差	最小值	最大值
自 信	3.29	0.633	2.17	4.67
希 望	2.61	0.496	1.67	3.5
乐 观	2.85	0.575	2	4.17
韧 性	2.97	0.632	2	4.17
心理资本	2.93	0.357	2.04	3.46

表 2　组员基本情况（分）

姓 名	性 别	年 龄	学 历	职 位	工作年限	前测平均值
J	男	26	大专	研发部门负责人	4 年	2.95
Y	男	23	本科	前端开发工程师	1 年以下	2.79
X	男	23	大专	后端开发工程师	2 年	2.88
A	男	28	本科	后端开发工程师	4 年	2.83
W	男	29	大专	后端开发工程师	1 年以下	2.04

二、需求评估

通过前期的问卷调查和深度访谈，社会工作者评估组员存在如下三方面需求。一是增强韧性，形成乐观态度的需要。组员经常需要加班，且长期保持高强度的脑力工作。全体组员的日均工作时长均超过 8 小时，4 位组员超过 10 小时。作为技术服务的提供方，组员们要负责甲方的平台运营支撑，要时刻根据甲方要求（有时甚至是无理要求）进行技术产品开发且反反复复不断作出修改。在身体和精神都承受着巨大压力的情况下，消极情绪不断累积，容易丧失韧性、乐观心态和希望，产生自我怀疑，降低自信心。因此组员需要增强韧性，保有乐观的态度，以对抗工作压力。

二是建立自信，对未来充满希望的需要。由于 K 企业缺少明确清晰的薪酬管理制度，内部没有统一的绩效衡量标准，导致组员对于自己的付出看不到回报，进而对自我价值产生怀疑，降低了自信心。同时，员工的晋升渠道也不畅通，组员认为企业平台太小，发展空间受限，对未来的希望值不高。因此，组员需要通过企业规范薪酬及晋升管理制度来建立自信，获得希望。

三是提升对组织的归属感，增强集体心理韧性。K 企业缺乏营造组织文化的意识，办公场所没有设立企业文化宣传栏，也没有制作相关宣传手册，组员对于企业文化的认识十分模糊，难以形成对企业的深层认同。平时企业内部工作氛围沉闷，研发人员相互之间沟通非常少，除非有必须要讨论的工作，其余时间大家都戴着耳机各做各的事情，就连吃饭的时候也是各自看手机，彼此之间很少交流，下班后也较少同行，基本都是加完班陆续离开，团队关系松散，不利于形成彼此支持、互相鼓励的职场氛围，影响集体心理韧性的形成。因此，组员需要通过企业文化的建立和人际关系的加强来发展自身与企业的连接，改善压抑的情绪，提升对企业的归属感和集体心理韧性。

三、服务计划

（一）理论基础

1. 社会支持理论

社会支持理论认为，个人拥有的社会支持网络与其应对困境的能力成正比，社会支持网络越丰富的人，应对外界挑战的能力就越强。对于 IT 企业研发人员而言，公司同事是他们每天接触机会最多、时间最长的人群之一，对他们的价值观、情感和行为等方面均会产生重要的影响。本案例以社会支持理论为指导，将拥有共同心声、同样需求且具备不同特质、各类资源和能力的小组成员作为一个资源库，在同事中建立平等互助的社会支持网络，帮助组员加强沟通与交流，使其相互理解、相互支持，让其在安全和信任的环境下舒缓自己的情绪，分担彼此的压力，同时在小组中获取多种经验，提升应对困难和问题的能力，树立自信心，增强心理韧性。

2. 优势视角理论

20 世纪 80 年代，在社会构建主义的影响下，社会工作学界通过对传统社会秉持的问题视角和病态模式进行颠覆、反思和批判，并立足积极心理学、抗逆力研究、叙事治疗、寻解导向治疗的发展成果，构建了优势视角理论[6]。该理论强调将服务对象的劣势和问题策略性地悬置起来，以正面、积极、优势的视角去看待服务对象及其处境，挖掘潜藏在服务对象及环境中的资源[9]，运用科学的方法对其加以整合利用，使优势和资源成为服务对象解决问题、实现目标、发现自身价值的重要工具[7]。本案例中，社会工作者要帮助研发人员转换视角，发现自身的价值和优点并将其作为一种资源和工具加以利用，从而保持乐观，增强韧性，充满希望和自信。

（二）小组目标

确定小组目标是开展服务活动的重要环节，小组目标清晰可行，服务活动才能有的放矢。结合小型 IT 企业研发人员面临的问题及需求，将小组总目标确定为以社会支持理论、优势视角理论为指导，通过支持性小组、封闭式小组的形式，借助系统的小组工作介入，帮助组员构建企业内部的社会支持网络，加强相互之间的沟通，发现彼此的优势，依靠小组的力量达到提升研发人员心理资本水平，形成积极正向的心理能量，从而促进其心理和职业健康发展的目标。

具体目标包括四项：一是帮助组员掌握疏导工作压力的方法，引导组员互相分享面对压力的应对技巧，合理宣泄情绪与压力，学会积极归因，提升抗压能力，提高适应能力，培养乐观心态，实现健康发展。二是促进组员之间的沟通交流，建立良好的职场人际关系，在部门内部构建平等互助的非正式社会支持网络，彼此遇到困难或者挫折时可以互相倾诉并提供帮助，增强组员的韧性水平。三是促进组员对职业生涯的认知，提升组员职业规划的能力，找寻实现职业目标的路径，为组员注入希望。四是引导组员回顾成功经历，通过组员互相挖掘优势，增强自信水平，提升小组凝聚力，实现组员间的互帮互助。

（三）小组活动方案

本小组前后共安排了 5 次小组活动，时间为每周五下午 5：30—6：30，所有活动前后历时共一个半月。地点在 K 企业活动室。具体活动安排如表 3 所示。

表 3　小组活动方案

主 题	目 标	内 容	所需物资
第一次 心理资本初印象	1. 社会工作者与组员相互熟悉，建立初步的信任关系，制定并签订小组契约；2. 组员对小组活动形成初步认识，保证小组活动顺利进行；3. 组员了解心理资本，为后期活动奠定基础	1. 社会工作者自我介绍及介绍小组的主题、流程、目的、意义等情况；2. 游戏："我和你"，组员介绍自己并重复他人的家乡、毕业学校、兴趣爱好、人生经历等信息，并展示才艺；3. 确定小组名称，制定小组契约；4. 社会工作者介绍什么是心理资本，心理资本的构成要素、影响因素以及提升心理资本能带来的积极意义；5. 组员分享活动的收获与感受，社会工作者总结	胶棒； 签字笔； A4 纸； 音乐播放器； 轻音乐
第二次 压力大作战	1. 引导组员依靠小组的力量讨论出应对压力的方法；2. 组员放松身心，提高抗压能力；学会积极归因，增强韧性水平；舒缓压力和不良情绪，培养乐观心态	1. 活动："为你捶捶背"，拉近组员之间的距离，帮助组员缓解身体疲劳；2. 活动："撕碎压力"，每人将压力写在纸条上投进压力箱，运用头脑风暴法集体讨论如何应对压力，直至每个压力事项得到解决后被撕碎；3. 社会工作者向组员介绍积极的归因方式及意义，引导组员将以往的挫败归因为外部、不稳定和可控的因素；4. 冥想活动：组员放松心情，缓解压力；5. 组员分享，社会工作者总结	签字笔； A4 纸； 自制压力箱； 音乐播放器； 萨提亚冥想音乐

续表

主 题	目 标	内 容	所需物资
第三次 五人行，必有我师	1. 强化组员之间的沟通，构建互助支持网络，建立良好的人际关系；2. 加深组员对企业文化的挖掘和认知，增强心理韧性和企业凝聚力	1. 游戏：“心有千千结”，活跃气氛，体会团队交流合作的重要性；2. “圆桌会议”：新老员工进行工作经验、工作技能和工作问题分享；3. 活动：“组织文化我知晓”，社会工作者播放企业宣传片，老员工介绍组织的历史、宗旨与愿景等企业文化，社会工作者基于此形成企业文化题库，进行有奖竞答；4. 组员分享，社会工作者总结	企业宣传片； 电脑； 投影仪； 小奖品
第四次 仰望星空与脚踏实地	1. 促进组员对职业生涯的认知，提升组员职业规划的能力，引导组员制订职业规划；2. 组员相互提供建议，共同找寻实现职业目标的路径	1. 活动：“画出职业生涯线”，反思过往的职业生涯，引发组员对未来职业生涯的设想与展望，列出短期和长期职业目标；2. 活动：“出谋划策”，组员们依次分享规划的职业目标和具体实施路径，其他组员提出建议，为其出谋划策	签字笔； A4 纸
第五次 感谢有你	1. 组员挖掘自身优势，增强自信；2. 巩固活动成果，提升组员心理资本；3. 小组总结	1. 游戏：“优势卡片”，全体组员相互找出对方优势，制作优势卡片；2. 社会工作者引导组员回顾活动过程，巩固小组成果；3. 组员逐一分享参与小组后自己的收获、感受及变化，社会工作者做总结，并对每一位组员送出祝福和小礼品；4. 组员填写心理资本后测量表与小组满意度调查表，社会工作者听取组员的建议；5. 合影道别，处理离别情绪	签字笔； 空白卡片； 小礼品； 心理资本量表； 小组满意度调查表； 手机

四、实施过程

小组初期的活动“心理资本初印象”旨在使社会工作者与组员相互熟悉，融洽小组氛围，明确小组目标，制定小组契约，社会工作者引导组员初步认识“心理资本”。中期的活动包括 3 次小组活动，活动主题分别为：“压力大作战”“五人行，必有我师”“仰望星空与脚踏实地”。其中，“压力大作战”主要是帮助组员学会应对压力，保持乐观，增强韧性；“五人行，必我有师”是加强新老员工的工作交流，促进组员对企业文化进行熟悉和了解，增强自信；“仰望星空与脚踏实地”是引导组员开展职业规划，并通过相互提供建议增强职业规划的可行性，为组员带来希望。小组后期的活动“感谢有你”是帮助组员认识自身优势，增强自信，并对小组活动进行总结，促进组员巩固获得的进步。

（一）小组初期

在第一次小组活动刚开始时，社会工作者播放了轻音乐，营造轻松的氛围。由于组员是同一部门的同事，彼此相识，因此没有太多拘束感，但平时交流大多局限于工作，所以也没有深交。于是社会工作者引导组员依次介绍了自己的家乡、毕业的学校、爱好、人生经历等，每人都进行了才艺展示，在营造轻松安全的小组氛围的同时，使大家能够更加深入地了解彼此，促进了活动的参与度。社会工作者将小组目标和活动安排告知组员并听取意见。社会工作者积极充当了支持者和引导者的角色，运用关注、尊重、真诚与接纳的态度对待每一位组员，注重提升组员的自我表达的勇气，带领组员明确小组目标，制定小组契约书；并扮演了教育者的角色，与组员分享了心理资本的相关知识，增强组员对心理资本的关注度。

（二）小组中期

第二次小组活动“压力大作战”中，社会工作者引导组员依靠小组动力共同寻找应对压力的方法，帮助组员放松身心，提升抗压能力，培养乐观态度，增强韧性。作为研发人员，其工作难度和进度压力显而易见，不仅对其身心健康和生活质量产生了较大的负面影响，也直接影响了企业的经营绩效。社会工作者通过设计组员们相互按摩捶背的活动，缓解组员情绪和身体上的疲劳，也拉近了他们之间的距离。社会工作者对组员的压力表示了同理，对研发人员常见的情绪方面的紧张、敏感、焦躁不安、难以放松与忧虑烦恼，生理上的头痛、失眠、消化不良与精神不济，以及行为上的频繁抱怨、争执、挑剔等表现进行了列举，通过邀请组员头脑风暴共同讨论应对压力的方式，增加了交流互动，鼓励组员依靠团队的力量相互支持，解决各自面对的工作压力，增强了小组的凝聚力和认同感，有助于建立平等、互助的社会支持网络。另外，引领组员们运用冥想的方法来放松身心，释放压力，基本达成了本次小组活动的目标。

第三次小组活动“五人行，必我有师”中，社会工作者设计了“心有千千结”游戏，为组员加强沟通创造机会，帮助组员建立良好的人际关系，建构平等互助的精神支持网络，从而更好地应对外部压力。社会工作者努力为组员寻找共同点，帮助其加强相互沟通。在圆桌会议上，通过老员工对新员工的“帮传带”，消除新员工的无助感，体现老员工的价值感。社会工作者通过“组织文化我知晓”活动促使组员认识组织文化，增强组员的韧性。本次小组的目标基本达成。

第四次小组活动“仰望星空与脚踏实地”中，社会工作者通过仔细倾听、同理心和接纳他人、反映、澄清、增强等技巧，引导组员规划职业生涯，寻找达成职业发展目标的方法，发现自身的优势，为组员们注入自信和希望。社会工作者鼓励组员以温暖真诚、关怀尊重、包容开放的态度，相互支持和倾听，探索和发展个人职业目标，培养组员对小组的感情，增强组员的参与意识，使组员有机会更好地认识自我和理解他人，获得成长。

可以说整个中期阶段社会工作者都秉持了社会工作“助人自助”的理念，尊重和相信组员，营造了一个安全积极的小组氛围，使组员的压力得到宣泄，人际关系更为紧密，组织文化得到彰显，职业生涯规划更加明晰，凝聚力在小组中得以提升。

（三）小组后期

第五次小组活动“感谢有你”中，社会工作者设计了“优势卡片”游戏，引领组员相互探索，帮助其他组员找出优点、亮点，让组员们从他人口中了解自身的优势，变得更加积极乐观和自信，更加坚定实现职业目标的希望。接下来，社会工作者以 PPT 的形式带领组员们回顾前 4 次小组活动的主题和主要内容，放映小组活动过程中拍摄的照片。社会工作者肯定了组员在活动中的表现，运用同理心、自我表露、接纳、倾听等技巧鼓励组员分享自己的收获与感受，强调了组员所取得的进步，以巩固小组活动成果。最后社会工作者对组员们一个多月以来的参与和支持表示感谢，大家合影道别，社会工作者处理好组员的离别情绪。

五、总结评估

（一）过程评估

小组活动初期，由于社会工作者缺乏实务经验，没有提前调试投影仪，也没有事先拟订应急预案，因此当活动中发现投影仪无法使用时，社会工作者内心非常紧张，手忙脚乱，最后导致活动超时了 25 分钟。同时，在讲解心理资本 PPT 时，介绍相关理论内容不够生动形象，缺乏趣味性，导致部分组员低下头玩手机。今后社会工作者在开展活动前，应提前调试好设备，做好应急预案，讲解 PPT 时语言尽量生动，多举一些贴近生活的例子，及时关注组员的行为与态度变化，加强组员的互动，强调活动规范，鼓励组员自我管理且相互约束。

小组活动中期，所有组员都遵守服务契约，克服困难，调配时间，坚持参加每次活动，有利于小组的有序进行，确保专业社会工作服务效果的完整性、连续性和有效性。在活动分享环节，组员交流比较顺畅，参与度较高，积极分享了一些压力管理的策略，如改善工作环境，提供适当的照明及舒适的办公布局，进行合理的时间安排，采取更为灵活的管理模式，根据员工的能力与个性及业务熟悉度等进行个别化管理。社会工作者通过刻意训练组员之间的信赖度，培养了小组团队的安全感，构建了更为紧密的支持网络，发展了组员面对问题和挫折的能力，使其心理韧性得以提升。表现积极的组员得到了社会工作者的肯定与赞赏后，进一步坚定了参加活动的意愿，提升了自信心和自尊感。该阶段组员间的交流深入而开放，小组动力强劲，支持系统稳定，整个团队的凝聚力也更加强烈。同时，组员对于职业生涯进行了交叉思考和探索，组员的成长有了实质性的进展。当然，在部分活动过程中，个别组员因工作尚未完成，未能将思绪完全从工作中抽离出来，没能全身心投入小组活动中，在一定程度上影响了活动开展的效果。在有些活动环节社会工作者介绍活动规则时语速太快，导致有些组员没有听清楚规则就匆忙开始活动，影响活动的顺利进行。

小组活动后期，社会工作者着重肯定组员的进步，巩固其积极的情绪体验，建议其为下一步发展进行规划，以应对未来的挑战。研发部门负责人J代表全体组员对社会工作者的服务表达了感谢，并表示今后部门内部一定会加强联系，相互支持，团结一心。小组设定的目标已基本达到。

（二）结果评估

为了解小组开展前后组员心理资本的变化状况，可以将组员心理资本量表前后测结果进行对比。表4显示小组活动开展前，组员的心理资本均值为2.70分，每人的心理资本均未达到中值3分，其心理资本处于较低水平。小组活动开展后，组员的心理资本均值为3.57分，且每人的心理资本均超过中值3分，心理资本获得较大程度提升。同时，从心理资本的4个维度来看，5位小组成员的自信、希望、乐观和韧性均值均有不同程度的提升，从均未达到中值3分上升为全部超过中值3分。其中自信均值由前测的2.90分上升为后测的3.43分，希望均值由前测的2.47分上升为后测的3.43分，乐观均值由前测的2.83分上升为后测的3.83分，韧性均值由前测的2.60分上升为后测的3.57分。这说明小组工作提升了小组成员的心理资本水平，从而验证了小组介入的有效性。组员通过建立支持性小组，解决共同面对的问题，在相互交流、建议和鼓励中深化了自我认识，树立了自信心，增加了社会支持力量，提升了心理资本。

表4　组员心理资本前后测结果对比（分）

组员	心理资本		自 信		希 望		乐 观		韧 性	
	前测	后测	前测	后测	前测	后测	前测	后测	前测	后测
J	2.95	3.92	3.33	3.67	2.67	4.00	3.33	4.33	2.50	3.67
Y	2.79	3.38	2.83	3.33	3.00	3.50	2.50	3.33	2.83	3.33
X	2.88	3.54	3.17	3.33	2.67	3.33	3.00	3.83	2.67	3.67
A	2.83	3.83	3.00	3.83	2.33	3.50	3.17	4.00	2.83	4.00
W	2.04	3.17	2.17	3.00	1.67	2.83	2.17	3.67	2.17	3.17
均值	2.70	3.57	2.90	3.43	2.47	3.43	2.83	3.83	2.60	3.57

为有效了解组员对于5次活动的满意状况，社会工作者在第5次活动时发放了小组满意度调查表，收集全体组员对于小组活动时间、场地、内容、形式、氛围、自身参与度和社会工作者表现7项指标的评分，调查表采用5点计分法，1代表“非常不满意”，2代表“不太满意”，3代表“一般”，4代表“比较满意”，5代表“非常满意”。由表5可见，组员们小组活动各方面满意度的评分均在4分及以上，说明组员整体上对于小组活动满意度较高，活动满足了组员需求，小组为组员提供了压力释放和相互了解的平台，组员更加充满希望，以更强的韧性，乐观、自信地面对今后的工作。此外，组员们对活动形式的评分均为4分，说明组员们普遍对小组活动的形式有更加多元化的期待和要求。

表5　小组活动满意度评估情况（分）

组员	活动时间	活动场地	活动内容	活动形式	活动氛围	自身参与度	社会工作者的表现
J	5	5	5	4	5	4	5
Y	5	5	5	4	5	5	5
X	5	5	4	4	5	5	5
A	5	5	5	4	5	5	5
W	4	5	4	4	5	5	5
均值	4.8	5	4.6	4	5	4.8	5

六、专业反思

小组评估结果说明，本次小组活动达到了提升研发人员心理资本的目的，但仍然有许多有待改进及反思之处。

首先，社会工作者应加强服务技巧的学习和提升，如提前准备，做好应急预案；增强理论介绍和活动形式的趣味性，以吸引组员的注意力；发言时顾及组员对活动规则不太熟悉的实际情况，适当放慢语速。再如当组员的发言趋于表面化、程式化而难以深入时，社会工作者应以更大的耐心和诚意，更加开放、包容与尊重的态度与组员沟通，协助其进行更深层次的自我表露，还可更多地运用摘要、解释、联结、设限和保护等小组领导技巧提升小组动力[12]。

其次，服务方法应避免单一化。IT 企业研发人员虽然具有同质性，但也存在着个体差异性。不同的研发人员还存在着不同的个别化需求，这就需要运用个案工作的方法，为其提供更具有针对性的个性化服务。同时，本研究建立的是支持性小组，事实上，除此之外，小组还包含教育性、治疗性和成长性等类型，在实务干预时可以考虑综合使用多种类型的小组，以更好地提升小组工作的效果。

再次，小组工作介入应与其他工作技能相结合。在帮助员工释放压力、改善员工关系、加强组织文化认识和开展职业规划等方面，小组工作介入虽然能提升研发人员的心理资本，但是仍然存在较大的局限性，比如，在完善薪资和晋升制度，提供专业技能培训和福利的组织支持等诸多方面，小组工作介入无法解决，这需要社会工作者进行更多的政策倡导和资源链接，联动企业、政府和社会多方面的力量才能更加全面地协助研发人员提升心理资本。

最后，介入效果的持续性有待加强。心理资本的提升是一个长期的过程，不能一蹴而就。本小组只开展了 5 次小组活动，时间较短。虽然在小组工作介入后 K 企业研发人员的心理资本有所提升，但效果的持续与巩固需要研发人员自身和社会工作者、企业共同的努力才能实现，因此本案例介入效果的持续性还有待今后各方的进一步努力来加以保障。

七、督导点评

在社会工作三大方法中，小组工作更适合运用于提升小型 IT 企业研发人员的心理资本水平，因为研发人员的同质性较强，且平时互动较少，正好可通过小组内部的交流互动来更好地改善目前相对独立、封闭的工作状态。在平等和谐的小组氛围下，组员借助小组动力，通过彼此间的交流，分享、思考、借鉴和吸收其他组员的观点和经验，通过小组讨论、小组压力、小组智慧，调整自身的观念与行为，从而更好地实现自我调适、自我完善和自我发展[10]，同时能够避免社会工作者一味说教可能引发的服务对象防卫心理，有利于潜移默化地实现预期服务目标。

在本案例中，社会工作者的表现有诸多可圈可点之处，如社会工作者能够灵活地运用自我流露、积极倾听和鼓励等技巧，能够对服务对象的问题和需求进行深入的了解和分析，并以此为基础来展开活动环节的设计，从而为组员提供有针对性的服务。

但是本案例中，由于活动次数以及活动时间的限制，导致组员的有些需求没有被充分满足，小组环节的设置亦没有很好地满足全体组员的需要。社会工作者在服务中仅着重于在现实环境的规则下弥补研发人员的心理资本欠缺问题，忽视了与企业和社会的合作。从长远来看，针对研发人员的社会工作需要整合更多的资源，投入更多的时间与精力，以此来提升服务的效果和质量。

思考题：

1. 企业研发人员的心理资本都包括哪些？
2. 社会工作者可以从哪些方面入手，提升企业研发人员的心理资本？
3. 对比个案工作和社区工作，小组工作在介入企业研发人员的心理资本问题时都有哪些优势与不足？

参考文献：

［1］观研报告网．2021 年中国 IT 行业分析报告——行业格局现状与发展趋势前瞻［EB/OL］．https：//baogao. chinabaogao. com/hulianwang/549078549078. html，2022-04-24/2022-04-24.

［2］工业和信息化部，国家统计局，发展改革委，财政部．中小企业划型标准规定［DB/OL］．http：//www. gov. cn/zwgk/2011 - 07/04/content_1898747. htm，2011-06-18/2022-04-24.

［3］腾讯科技网．IT 行业成五大疾病重灾区：过劳死平均 37. 9 岁［EB/OL］．https：//tech. qq. com/a/20111124/000177. htm，2011 - 11 - 24/2022 -

04-24.

［4］中国山东网-青岛．搭建人才与企业之间的桥，山东高数网络科技有限公司助力 IT 行业发展［EB/OL］．http：//qingdao. sdchina. com/show/4702826. html，2022-04-24/2022-04-24.

［5］弗雷德·卢森斯．心理资本：打造人的积极优势［M］．李超平，译．北京：中国轻工业出版社，2008.

［6］宋海啸，辛一山．中国社会工作理论［M］．北京：时事出版社，2013.

［7］宋丽玉，施教裕．优势观点——社会工作理论与实务［M］．北京：社会科学文献出版社，2010.

［8］LUTHANS F，YOUSSEF C M，AVOLIO B J. Psychological Capital：Develop - ing the Human Competitive Edge［M］．UK：Oxford University Press，2007.

［9］李莉娟．浅析优势视角下小组工作在罪犯心理矫治中的有益尝试——以青海省某监狱为例［J］．青海社会科学，2011（5）：97-100.

［10］史立伟．小组工作介入大学新生适应性教育的探索与实践［J］．思想教育研究，2017（3）：117-120.

［11］王乐杰，沈蕾．研发人员的工作家庭冲突与工作满意度：心理资本的调节效应［J］．技术经济与管理研究，2015（9）：63-67.

［12］魏爽．“小组工作”方法在高校学生党建工作中的应用［J］．中国青年研究，2006（5）：85-87.

［13］GOLDSMITH A H，VEUM J R，DARITY W. The Impact of Psychological and Human Capital on Wages［J］．Economic Inquiry，1997（35）：815-829.

［14］LUTHANS F，VOLIO B J，WALUMBWA F O. The Psychological Capital of Chinese Workers：Exploring the Relationship with Performance［J］．Management and Organization Review，2005（1）：247-269.

案例七

“乘风破浪”腕表企业销售员工压力问题的小组工作介入[①]

一、案例背景

近年来，我国经济进入新常态，市场竞争日趋激烈，达到了前所未有的水平。而国外品牌、企业也纷纷来到中国市场寻找新的发展机会，它们对国内市场的挤压给本土企业带来了新的压力与挑战。以深圳腕表业为例，深圳是国产腕表的“出生地”之一，经过多年的发展，产品的同质化程度已极为严重，加上国外品牌的不断引进，更导致了各个品牌之间的竞争加剧，已然成为一片“红海”。在如此残酷的商业竞争中，企业未来的发展道路究竟在何方，员工个体的职业生涯如何规划，成为每一位从业者心中的巨大困惑，也造成了从业者难以应对的心理压力。

深圳腕表业的众多从业者中，作为公司最重要的关键性获利部门——销售部的一线员工较其他岗位员工而言，压力更为明显。一线销售员工，通常是借助商场专柜、网店等渠道向顾客做产品介绍和宣传，为顾客解答疑问以帮助其了解产品，推销产品并实现企业营销目标的人员。现实中，由于手机的广泛使用，腕表已成为小众人群的需求，消费群体数量较为有限。同时，直面市场的销售业绩与销售人员个人收入直接挂钩，加上当地高昂的生活成本，从业人员数量较内地更多等因素，都使得深圳腕表业一线销售员工面临

① 活动撰稿人：柴森，指导老师：吴时辉。

着较大的工作压力。因此，笔者选取深圳的F腕表企业调查一线销售员工的职业压力状况及其相关成因，对其进行必要的社会工作干预，帮助他们走出困境，具有较强的现实意义。

（一）F企业概况

F企业成立于1987年，总部设立在深圳市，是我国境内第一家也是唯一一家以表业为主体的上市公司，主要从事手表及其零配件的整体设计、研发、制造及其销售的全产业链工作。2003年，我国载人航天计划开启后，F企业开始为航天飞行器和航天飞行员提供太空辅助计时设备。该企业自成立以来一直坚持品牌战略，通过“多产品+全渠道”的商业模式，推进全产业链整合提升，特别注重对渠道的构建和覆盖。截至2023年4月底，F企业在全国范围内已经打造了3000多个零售店，品牌版图覆盖东南亚、中东和欧美等30余个国家与地区。

组织架构上，F企业的主要岗位包括研发、制造、项目、渠道、销售及其他类型，各个岗位都有一套系统和完善的工作标准和工作流程。每个部门、每位职工的工作状况都受到OA系统监测，并分月度、季度和年度进行业绩考核，每位员工的收入情况及晋升条件均与其岗位的业绩完成状况相挂钩。其中销售板块在全国每个省份都设有分公司或办事处机构，负责企业在当地的相关品牌项目的营销及推广跟进、销售指标的完成和渠道的搭建铺设。门店销售导购岗位由分公司招聘，主要下沉至各个商场及各个县市门店，负责直接对接顾客，达成销售业务。近年来，F企业在严峻的内外部竞争环境中采取了优胜劣汰的用人制度，员工工作强度较大，工作节奏较快，工作效率较高，使部分业绩欠佳的员工经常处于焦虑和恐慌的状态。

（二）F企业一线销售员工压力概况

F企业的一线销售员工大多分散在二、三线城市的销售网点，以20~35岁人群为主，平时负责各类腕表的销售任务。由于企业严格的绩效考评标准，不稳定的薪酬所得，高企的生活成本，以及因工作造成的家庭矛盾和关系疏离，一线销售员工普遍面临着业务指标压力、身份认同压力、家庭经济压力和陪伴压力。首先，业务指标的压力。F企业腕表产品的销售任务繁重，销售任务的完成情况会与销售人员个人的收入、晋升等实际利益紧密相连，一线销售人员如果没有完成业绩要求，就只能获得很低的保底工资，由此造成部分员工精神状态长期紧绷，会因为销售任务未完成而产生恐慌的情绪。与普通生产人员面对的多是自己可控的因素不同，销售人员的业绩好坏不仅取决于自己努力的程度，还与客户、市场大环境以及竞争对手有关，因此销售人员的压力比普通生产人员要大。其次，身份认同压力。一般情况下，一线的销售员工由当地的经销商聘请，名义上属于F企业员工，但实际上是F企业的非在编员工，这就造成了其职场身份被边缘化，对企业的归属感不强。最后，家庭经济压力和陪伴压力。大部分一线销售员工都是年轻人，大多处于筹备结婚到子女尚小的人生阶段，经济状况往往较为紧张，每月都可能面临还房贷、车贷以及子女教育经费等沉重的经济压力。同时，一线销售员工常常面临着长时间的加班或出差等状况，造成了与亲人的分离生疏，如果遇到家人生病或其他突发状况，也难以分出时间、精力来照顾家庭，从而容易引发家庭矛盾。

以上种种压力导致的后果包括不仅引发了一线销售员工持续性的职业倦怠情绪，还造成了其生理或心理上的疾病，甚至还会引起企业岗位流动和人员流失，进而影响企业任务的完成度，增加了企业发展的不稳定性。具体而言，首先，员工的压力引发了持续性的倦怠情绪。由于目前市场情况的普遍不乐观，销售压力持续增加，超出了员工能够承受的范围，导致部分员工经常抱怨工作任务额度标准定得太高，既然努力也完不成任务，干脆就无须卖力工作了。这种想法在销售员中极具代表性。这些倦怠的情绪会促使员工陷入“难以完成工作任务→缺乏动力→无法完成工作任务”的恶性循环，导致员工无法集中精力，限制了工作中应有的水平发挥和工作绩效的提升。而且倦怠情绪会在企业内持续传播，会“传染”给那些有信心、有激情完成工作任务的员工，造成企业内部蔓延的负面情绪和恐慌，导致生产效率的大面积下降。其次，压力会造成一线销售员工罹患生理或心理上的疾病。严格的上班要求与长时间的工作时长、高频的加班使得员工长期站立，容易产生多种腿脚关节疾病；不规律的作息和吃饭时间，来自客户的诉求甚至投诉还容易引发胃病、高血压甚至抑郁症等疾病。最后，压力容易引起企业人员流失。以目前F企业山西分公司一线离职销售员工为例，68%的员工选择了“无法完成业绩指标”作为离职原因，25%的员工选择了“工作劳累，经常要加班”作为离职原因。

因此，通过企业社会工作服务，对腕表企业一线销售员工的压力问题进行纾解，是十分必要的。为帮助F企业销售员工掌握缓解压力困扰的方法，增强个人自信心，提升工作能力，增强团队合作意识和认同感，构建良好的社会关系网络，社会工作者制订了小组工作方案，面向F公司的一线导购开展了纾解压力与情绪管理的小组工作活动。在F企业人力资源部的帮助下，社会工作者选择了深圳分公司10名一线销售员工作为小组活动的成员（见表1)，开展了为期两个半月，前后共6次的小组活动。

表1　小组成员基本情况

姓名	性别	年龄	工龄	学历
小李	女	23	2	本科
小邱	女	31	5	专科
小吴	女	30	4	专科
小豆	男	24	2	本科
小刘	女	29	3	专科
小车	女	30	5	专科
小简	女	33	5	专科
小张	女	24	1	本科
小申	男	28	3	本科
小龙	男	27	3	本科

二、需求评估

社会工作者根据服务对象情况以及小组成员的压力来源，评估分析出服务对象主要有两个方面的需求：一是释放压力和学习减压方法的需求。F公司一线销售员工期待学习正确有效的减压方法，更好地缓解因销售任务繁重，销售任务的完成情况与个人的收入、晋升利益等紧密挂钩而导致的精神紧绷状态，使得焦虑情绪得以放松。二是提升人际沟通能力的需求。一线销售员工期待增强与顾客之间的沟通能力，包括能向陌生人热情地推销产品，把握住客户的心理，激发其购买欲望，提高获客能力和成交率；面对难缠的客户，能够做到不厌其烦，耐心解答，自如应对突发状况，不会怯场。三是提高自我认同感和团队凝聚力的需求。员工期待破除“临时工”“没编制”等边缘化的身份标签带来的自卑情绪，增强身为知名企业一员的荣誉感，提升对于公司的归属感，改善工作动力与工作状态，提高工作效率，促进工作更好地完成。

三、服务计划

（一）理论基础

1. 认知行为理论

认知行为理论由行为理论和认知理论两种心理学理论发展而来。行为理论最早由美国心理学家 Watson（1913）在巴普洛夫条件反射学说的基础上创立，认为消极的行为是经过学习而获得的，也可以通过学习得以更改、增加或消除。如果查明了环境刺激与行为反应之间的规律性关系，就能根据刺激预知反应，或根据反应推断刺激，从而达到预测并控制行为的目的。认知理论指出认知能够影响情绪和行为，因此可以通过认知重组的方式调整人们的情绪和行为。

本案例中部分销售员工在面对工作压力时，常常缺乏信心，对自己完成和应对工作的能力表示怀疑，夸大自己失败的可能性，从而陷入无序、忧虑、紧张和恐惧的情绪困境中，内心焦躁却找不到破解的方法。本次小组活动以认知行为理论为依托，旨在帮助服务对象改变对压力的负面认知，通过自我松弛、自我暗示、转移注意力来保持乐观，建立新的压力认知，培养服务对象忍受逆境的能力，促进其提升对压力的承受水平，增强其社会适应能力，帮助其达到缓解心理和行为等方面失衡的目标。

2. 优势视角理论

优势视角理论着眼于个人的优势，以利用和开发人的潜能为出发点，核心观点是社会工作者要坚信服务对象改变命运的内在能力，并帮助服务对象寻找到解决问题的途径。孟洁（2019）将优势视角理论概括为社会工作者通过给予服务对象动力，让他们充满希望，使他们在完成目标的过程中不断增强权能，最终克服障碍，成就新的自我。

本案例中，销售人员常常内心充满了无力感，自我效能感较低，觉得由于自身工作能力较差，从而无法达到企业的要求。每当难以掌握品牌名称、设计理念、文化象征、制造工艺等内容时，就归咎于自身记性差，接受能力差；而当难以招徕足够数量的顾客，或者面对态度恶劣、要求退货或赔钱的客户而感觉紧张和害怕时，就归咎于自身不善交际，不懂灵活变通，性格不适合做销售，等等。在本次小组活动中，社会工作者拟使用优势视角理论，让组员发现自身和他人的优点，相互鼓励，保持积极心态，保护自己的心理不受负面情绪和失败过往的干扰，以增强组员的自信心。

3. 符号互动理论

符号互动理论源于美国实用主义哲学家 James（1890）和 Mead（1934）的著作，后来以美国社会学家 Blumer（1969）为代表的芝加哥学派与以 Kuhn（1962）为首的衣阿华学派共同组成了符号互动论的两大学派。符号互动论认为人类会创造与运用符号，人们以符号作为人与人之间互动的载体和中介，通过解释行动者的符号所具有的社会意义来作出反应，并实现互动。而在所有的符号中，语言无疑具有最丰富、最灵活的特征，口头语言、书面语言可以帮助人们传达各种意义，实现相互之间的复杂交往；而非语言符号，如面部表情、音调和姿态等也能够帮助人们实现有效沟通。销售人员与顾客的沟通过程，就是运用语言和非语言符号，进行信息呈现和反馈，倾听和反应，表达自我和推销产品的过程。如何运用好符号，成功促进购买行为是销售人员极为关注的问题。同时，销售人员与工作团队的互动过程，是与团队成员借助语言、文字、表情、身体行为等符号交流实现相互协作和支持，达成团队融合和协调目标的过程。此外，销售人员与家庭成员的互动过程，也是通过符号进行爱的表达，寻求理解和关怀的过程。

本案例中，销售人员认为自身在与顾客、团队和家人进行全方位的交流互动中，还无法很好地做到营造正向的谈话气氛，真诚倾听对方的感受，听懂顾客话语的真正含义，作出适当及时的回应，不卑不亢、清晰充分地表达自身的观点，成功地影响或说服顾客进行购买行为，从而促成交易的达成；无法给予团队成员和家人有效的关爱和支持，满足对方的心理需求。在本次小组活动中，社会工作者拟协助销售人员掌握良好的符号沟通技巧，学会关系破冰，以友善的态度将互动双方的思想、情感和观念进行顺畅的交流，达到沟通的目的。尤其是掌握顾客的沟通风格，根据不同的情境，运用合适的互动符号，与客户展开灵活、有效的沟通。同时，社会工作者引导组员，将烦恼和忧愁向亲人和朋友倾诉，以争取他们的理解和支持。

（二）小组目标

本次小组的总体目标在于建立支持性、教育性小组，为服务对象 F 企业一线销售员工纾解压力并加强情绪管理，提升其自我认同和团队凝聚力。具体目标包括四项：一是协助员工宣泄与倾诉自身的压力情绪，学习缓解压力的方法，制订减压计划；二是帮助组员学会情绪管理，将问题情境转变为学习机会，从而产生正面的情绪和行为，提升生活幸福感；三是帮助组员提升自我认同感，通过 SWOT 分析认清自身优势，为自己设定现实可行的奋斗目标，通过一次次小的成功建立自信；四是帮助组员认识到自身的前途与企业的发展荣辱与共，加强组员的双赢意识，提升团队参与感和归属感。

（三）小组活动方案

本小组前后共安排了 6 次小组活动，时间为每周日下午 3：30—5：00，所有活动前后历时两个半月。参加人员主要包括 10 位一线销售员工和 2 位社会工作者。地点在 F 企业深圳总部第 19 楼会议室。具体活动安排如表 2 所示。

表 2　小组活动方案

主 题	目 标	内 容	所需物资
第一次 压力 我最懂	1. 组员相互认识和了解，初步建立关系；2. 社会工作者与组员共同探讨本次活动的目的和意义，制定小组规则，形成轻松愉快的小组氛围；3. 组员了解压力的分类，分享自己的压力来源；4. 社会工作者了解组员当前压力水平	1. 社会工作者介绍活动开展的初衷和目标；2. 全体人员“串名字”，轮番自我介绍；3. 组员玩游戏，相互熟悉、交谈，建立起友好和信任的关系，选出小组长；4. 社会工作者通过 PPT 和小视频介绍压力的基本分类和典型表现；5. 组员通过头脑风暴法，轮流分享自己的压力问题；6. 组员填写压力前测问卷	签到表； 投影仪； 电脑； 游戏道具（报纸和气球）； 压力量表
第二次 抗压 我最行	1. 组员认识压力来源和后果；2. 组员学会处理压力和释放压力	1. 社会工作者通过动画讲解压力来源分为工作、生活、心理 3 个方面，以及压力导致的生理和心理的后果；2. 社会工作者播放轻音乐，带领组员冥想，放松情绪；3. 社会工作者运用案例教学，介绍一系列减压方法；4. 社会工作者邀请组员进行情景表演，现场演示如何释放压力；5. 社会工作者布置作业，要求组员在接下来的一周至少运用一种本节活动中学习的减压方式去实践	投影仪； 电脑； 冥想音乐； 活动桌椅
第三次 情绪管理 我最棒	1. 组员掌握情绪管理方法，学会控制好自己的情绪；2. 组员提升情绪管理能力，锻炼和增强自己的意志以及抗压能力	1. 回顾上期内容，分享课后释压方法；2. 社会工作者播放《三国演义》经典片段，让组员比较诸葛亮和张飞的情绪管理能力；3. 社会工作者提供了多项情绪管理小锦囊，并用亲身经历辅助说明；4. 社会工作者提供了多种情绪管理方法，要求组员通过情景表演的方式予以呈现；5. 社会工作者布置作业，要求组员课后制作一张自己的“情绪管理工具单”：在纸上写下“当我______（情绪）的时候，我会____（健康的情绪管理方法）”，并予以实践	投影仪； 电脑； 视频； 签字笔； A4 纸

续表

主题	目标	内容	所需物资
第四次 沟通我最会	1. 组员学习沟通技巧，以了解客户的需要，发现客户潜在的需求，与客户建立起信任关系；2. 组员实现与同事有效的工作沟通，以达成日常的相互帮助和体谅，建立团结、友好的同事关系；3. 组员实现与家人生活上的亲密沟通，获得支持和关爱，提升生活幸福感	1. 回顾上期内容，检查上期的课后作业和组员实践情况；2. 社会工作者讲授沟通的实质即沟通双方对沟通的内容拥有共同的理解、认识或认同的过程，并通过游戏“总经理下达任务”让组员了解顺应对方的沟通风格，根据不同的沟通情境与沟通对象，以及自己的职责与特长来促进销售，在磋商、协调和让步的实践中不断培养和训练沟通能力的重要性；3. 邀请组员分享自己与客户、同事、家人沟通的成功案例；4. 组员自愿讲述自己沟通失败的经历，由其他组员予以帮忙想办法，出主意；5. 社会工作者最后提醒组员要在工作和生活中提高专业知识，做一个好的倾听者，锻炼待人接物的能力	游戏道具（眼罩和绳子）
第五次 信心 我最满	1. 组员提升自我认同感，建立自信和职业尊严；2. 组员聚焦想改善的部分，建立小目标	1. 组员在A4纸上写下SWOT分析表，重点梳理自身优势，但不写下姓名；社会工作者收齐所有的SWOT分析表后打乱顺序，让全体组员来猜表格的主人是谁；2. 社会工作者给每位组员发放9张便笺，组员在每张便笺上写下除自己以外的其他1位组员的优点，写完后全体组员把90张便笺贴在墙上形成心形，让全体组员来猜是谁的优点；3. 组织抢答赛，将组员分成两组，哪一组能说出更多的销售职业的优势就获胜；4. 组员在小卡片上为自己设定现实可行的奋斗目标，将其挂在许愿树上，祝福目标一定会实现	A4纸； 便笺； 小卡片； 小奖品（手机支架）； 小型许愿树
第六次 团队 我最爱	1. 组员提升团队凝聚力，加强团队归属感，培养团队协作精神；2. 社会工作者与组员回顾活动过程，巩固所学知识，评估活动效果，处理离别情绪	1. 开展“解手链”和“坐地起身”游戏，构建融洽的团队氛围，培养组员团结一致、密切合作、克服困难的团队精神，以及计划、组织、服从指挥和协调的能力，增强组员间的相互信任和理解；2. 社会工作者邀请全体组员分享自己在活动中的感受和收获，表达对自己与他人的寄语；3. 组员填写压力后测问卷；4. 全体人员合影留念，社会工作者总结与致谢	压力量表； 手机

四、实施过程

小组初期的“压力我最懂”活动旨在建立关系与活动契约，让组员对压力产生初步认识。中期的活动旨在帮助销售员工调整认知，通过正向行为刺激，释放和减轻压力，同时提升自我认同感和团队凝聚力。共包括 4 次小组活动，活动主题分别为“抗压我最行”“情绪管理我最棒”“沟通我最会”和“信心我最满”。“抗压我最行”活动旨在挖掘组员压力的来源，让组员在社会工作者的讲解帮助下，通过互动分享认识压力过大的负面后果，如影响身体健康和造成职业倦怠等，但也不否认适当压力对绩效的促进作用，帮助组员学会释放过大压力和正确处理压力的常见方法。“情绪管理我最棒”活动是在社会工作者结合自身经验讲述情绪管理方法之后，通过组员间的沟通分享，由组员进行现场模拟和课后实践加深印象。“沟通我最会”活动让组员学会与客户、同事、家人进行和谐顺畅的沟通，以实现工作上的成功和家庭生活上的幸福感。“信心我最满”活动中由组员积极发现自身和其他组员的优点，了解本岗位的职业优势，并为自己定下能够实现的小目标以增强自信心。小组后期的“团队我最爱”活动运用了符号互动理论，让组员在符号互动的过程中树立团队合作意识，提升销售团队的向心力；同时也为整场活动画下圆满句号，巩固了小组的成果。

（一）小组初期

社会工作者首先介绍了本次活动开展的初衷，让组员之间、组员与社会工作者之间相互认识和了解，明确活动的目的、意义和规则，建立小组关系。为了让组员在相对轻松的氛围中增进彼此的认识和了解，开展了“串名字”小游戏，要求每个人在说出自己名字前，把已进行介绍的组员名字一一报出。随后组员进行较详细的自我介绍，并在一张纸上写出自己的基本信息放入抽奖箱内。待所有的小组成员都介绍完自己的名字后，再每人轮流在抽奖箱内随机抽取一张纸进行朗读并猜出是哪位组员的信息，如没猜对，则需要表演节目。通过以上游戏，组员认真听取其他组员的自我介绍，并仔细观察他人，实现了互相熟悉的目的，在此基础上选出了小组长。

接着社会工作者初步介绍了压力的基本分类和典型表现，如工作压力包括刚上岗的茫然和不适应、业绩不达标、工作产生失误、受到处分、对报酬和待遇不满意、同事关系不和谐、对工作内容或工作环境厌倦、晋升受挫或降职、变换职业与工作岗位、失业等；生活压力包括亲人亡故、自己或家人生病或受伤、离婚、夫妻分居、新婚、怀孕、借债、涉讼等；心理压力包括挫折和冲突两种。社会工作者还介绍了压力过大会造成的不良后果：生理方面包括植物性神经系统、内分泌系统和免疫系统的功能紊乱，将导致心悸、头痛、脖子紧、胸闷、手脚麻酸、失眠、胡思乱想、注意力不集中等疾病；心理方面包括恐惧、焦虑、抑郁、冷漠等负面情绪，容易引发心理适应困难与心理疾病。

然后，社会工作者鼓励组员分享自己曾经遭遇过的最大压力或近期压力，每位组员都能畅所欲言，并认真倾听他人的压力问题。最后由组员填写压力前测问卷，了解其活动初期的压力感受。

（二）小组中期

第二次小组活动“抗压我最行”中，社会工作者运用认知行为理论和优势视角理论，重点分享了释放压力和减轻压力的办法。如建立积极正确的人生观、价值观，不盲目担忧尚未到来的压力，接受心理咨询服务；合理安排工作时间，分清主次、条理清晰地处理工作，做到全面把握，再各个击破，从而避免或减轻紧急任务带来的压力感；与同事探讨压力问题，虚心请教前辈，以寻求支援和帮助，平时多观察身边的销售高手是如何营销的。在日常生活中可以通过听音乐、有氧运动、泡温泉、喝茶、登高、练书法等爱好舒缓压力。同时也要调整工作状态，善于利用压力，将适当的压力转化为动力，提高工作效率。

第三次小组活动“情绪管理我最棒”中，社会工作者运用认知行为理论和优势视角理论，结合自身经验，用鲜活的案例展现了各类情绪管理小锦囊。比如，体察自身情绪，以合适的方式缓解情绪；具备思辨能力，进行理智选择，停止抱怨；经常运动与合理饮食；想象如何安慰受到压力的内在小孩；等等。接着，还推荐了制怒、转移、宣泄、自我暗示和接纳自我等情绪管理方法，让组员进行情景扮演，想象自己在面临压力时如何将上述方法进行灵活恰当的运用。社会工作者还鼓励组员在课后挖掘属于自己的健康情绪管理经验，并邀请组员在下期活动中进行分享。

第四次小组活动“沟通我最会”中，社会工作者运用符号互动理论，重点帮助组员提升与客户的沟通能力，建议组员首先要做好充分的准备，对产品保持自信，对产品的卖点和差异化优势了如指掌，熟悉自己所从事行业和产品的相关专业知识，赢得客户的信任。其次在气质形象、言谈举止上不断修炼，训练自己的口才，锻炼待人接物的能力，使沟通言之有物，说服力强，能拉近与客户的距离。再次学习心理学书籍，研究客户心理。站在客户角度换位思考，观察顾客的个性、价值观、认知水平、文化背景、社会阶层、生活习惯等因素，懂得在适当的时候做一个好的倾听者，顺应客户的沟通风格，关注客户的真实需求和愿意支付的成本。

第五次小组活动“信心我最满”中，社会工作者运用认知行为理论和优势视角理论，建议组员设定现实可行的奋斗目标，聚焦需要改变或提升的领域，在发展型思维的意识推动下，在日常进行刻意练习，思考下一步该做什么或怎么做，通过一次次认真地完成每一件小事，建立自信心。鼓励组员在日常工作中，坚持不懈、充满干劲地迎接市场挑战，用自己取得订单的成功经验激励自己，即使面对失败，也不必灰心丧气、一蹶不振，而要冷静地分析自己错在哪里，总结教训，寻找原因。

（三）小组后期

社会工作者运用符号互动理论引导组员开展游戏，帮助组员认识到自身行为与企业的命运息息相关，激发员工合作意识，鼓励组员学习有效的团队工作方法，加强团队参与感和归属感。建议组员学会信任、欣赏和包容同事，在与同事合作的过程中提升团队战斗力；秉持开放、友善和诚实的态度，多与管理层及同事沟通交流，了解本企业的发展规划和目标，明确自己的职责，反映市场需求，做到信息共享，共同学习，主动融合成一个共同进步、共同发展的团队。

五、总结评估

（一）过程评估

小组活动初期，每位组员在讲授自身的压力来源时，都得到了倾诉和释放机会，尤其是当了解到他人也有与自身相似的困惑时，觉得自己并不孤独，可以在小组中寻找共鸣和帮助。但有个别组员发言时间过长，滔滔不绝，情绪比较激动，需要社会工作者予以提醒和打断。本次活动让社会工作者体会到组员的焦虑和解决问题的紧迫感，从侧面证明了小组活动开展的必要性。

小组活动中期，组员们非常认真地学习纾解压力的方法，屡屡点头表示同意社会工作者的建议，当社会工作者讲到想象如何安慰受到压力的内向小孩时，让大家抱抱自己，组员纷纷照做，此时的男组员都陷入了沉默，好几位女性组员都哭了，说明组员已经沉浸到活动当中，在用心感受活动的意义。组员在相互积极分享处理压力的方法之后，还为他人的压力问题提供了建议，在内心的压力得到释放的同时，也学会了分享与感恩。在学习沟通方法的过程中，组员提到自己以往使用过一些错误的沟通方法，比如会把自己的看法强加给顾客，企图主导对方，或者觉得顾客不够内行，在他们发表观点时随意打断、否定。组员意识到这些都是沟通的大忌，而更高明的沟通方法是即使不赞成顾客的观点，也先表示肯定，等到对方讲完后，再站在顾客的角度谈出自己的看法，这样就更容易被顾客接受，且让顾客感觉到被尊重。在销售职业优势竞答环节，组员争先恐后地说出良好的口头表达能力、灵活的应变能力、较强的人际交往能力、稳定的心理状态、扎实的产品知识、多样化的销售技巧、丰富的人脉资源、对市场动向的敏感性等。这其实也是组员对自己未来能力的一种期许，他们在查漏补缺的过程中认清了自身的短板和下一步努力的方向。

小组活动后期，在团队游戏结束后，组员在社会工作者的引导下，反思当游戏遇到困难或出现问题时，大多数人会马上去找别人的不足，却忽略自身的责任，此时组员之间的抱怨、指责和不理解就是对团队最大的危害。因此每个人要学会担当，这是相互配合和协作的前提。同时，组员还明白了统一的指挥和所有队员共同努力对于团队成功起着至关重要的作用。

可以认为，通过活动的合理安排和逐渐深入，小组节奏适中，组员参与度高，配合度好，愿意积极调整个人的认知习惯和思维方式。小组关系从初期的疏离发展到后来的亲密，组员能够彼此鼓励，互相打气，形成了相互支持网络。

（二）结果评估

在开展了6次小组活动后，根据压力量表前后测结果对比发现，大部分小组成员的压力有了一定程度的缓解。如表3所示，全体组员的职业压力平均值由活动前的42.9分减少到活动后的38.8分，减少了4.1分。每位组员的职业压力均有所降低，前后测均值差分布在2~6分之间，说明活动对每位组员都产生了一定的效果，全体组员的职业压力得到了一定程度的舒缓，小组目标基本达成，小组工作方法对于改善腕表企业销售员工的职业压力问题具有一定效果。组员普遍认为小组内容较有意义，活动内容能够使自己敞开心扉，学到缓解压力的有用技巧，还能在小组中寻找到与自己有类似境遇的同伴，共同商讨以解决问题[12]。

表3 小组活动职业压力前后测状况对比（分）

组 员	前测均值	后测均值	均值差
小 李	46	42	4
小 邱	43	38	5
小 吴	38	34	4
小 豆	45	41	4
小 刘	42	39	3
小 车	44	40	4
小 简	45	39	6
小 张	47	44	3
小 申	36	34	2
小 龙	43	37	6
全体均值	42.9	38.8	4.1

注：数值越大，表示职业压力越大。

六、专业反思

本次小组评估结果说明，小组工作对于帮助员工纾解压力与加强情绪管理，提高自我认同感和团队凝聚力具有积极效果。通过本次小组活动，销售员工对待压力困扰，学习了提前预防和自我心理建设的方法，以及个人积极自我救助和向外寻求帮助的途径，也增强了团队合作意识和人际交往能力，提升了自我效能感和对于企业的认同感。

但是，本次小组活动仍然存在着一些不足之处。首先，在组员的招募和选择过程中，因销售行业女多男少，且男性销售员工对心理辅导类小组活动兴趣不高，因此社会工作者只招募到 3 名男组员，如果能够在前期动员环节做更充分的准备，如在企业内部进行更大规模的宣传，与人力资源部进行更高频的沟通，则有可能招募到更多男性组员，从而保证男女组员人数更加均衡。其次，因社会工作者自身知识结构、人生阅历和工作经验的有限性，对组员提出的部分困惑和实践中的操作性问题也无法解答。如果可以链接更多的资源，如邀请市场营销领域的专家和心理咨询专业的人才来解答组员的问题，则能为组员提供更有效的帮助。最后，本次小组调动的企业资源有限，仅动用了人力资源部的力量，尚未引起企业其他部门的关注。事实上，解决企业员工的职业压力问题需要企业的大力配合。如果社会工作者能更好地游说企业高层，使问题得到高层的充分重视和积极参与，链接和利用企业更多的资源，给双职工、经常出差的员工以更多的关注，则能为员工提供更全面、更富有针对性的个别化服务。

七、督导点评

随着市场竞争激烈程度的加剧，关注和解决员工压力问题，成为现代企业运营管理工作中至关重要的一个环节，是保证企业内部人事稳定的关键因素。专业社会工作嵌入企业，为员工解决压力问题，是在企业内部开展社会工作服务的有效切口。本案例在 F 企业深圳分公司面向职业压力显著的一线销售员工提供相关社会服务，围绕服务对象当下遭遇的问题和迫切需求进行了了解和分析，并以此为基础开展了小组工作，是在当下开展企业本土社会工作的有益探索。

小组工作过程充分体现了助人自助的原则。通过现场游戏、PPT 讲授、视频观摩、案例教学、情景表演、头脑风暴、知识抢答、焦点小组讨论等多种方式，组员在社会工作者的帮助下，学会了压力处理和情绪管理的方法，同时能够将自己所学去帮助其他组员思考和分析问题，形成了团队协作能力与相互信任关系。社会工作者在服务过程中，充分运用了鼓励、倾听、同理、自我表露等专业技巧。社会工作者热情鼓励并认真倾听组员讲述，对其遭遇的压力问题予以充分的理解和共情，并真诚分享自身的真实经历，顺利引导了活动开展，服务效果明显，反映了小组工作介入员工压力问题的可行性和有效性。

需要指出的是，在今后的实务工作中，社会工作者可以链接更多的企业内外资源，以帮助自己更好地为企业员工提供服务。从企业的角度来说，缓解员工压力，不仅有益于员工个人的身心健康和家庭关系的和谐美满，更重要的是有助于员工提升工作的沉浸感和专注度，增强员工完成工作的信心和动力，最终有利于企业的绩效完成和长远发展。社会工作者可以争取企业的支持以充分挖掘企业自身的福利资源，促使企业对员工进行人文关怀。同时，学习其他同行在企业开展社会工作的先进实务经验，以此来解决面临的实际问题。理论层面，在我国现有的国情下，社会工作与在地社会发展状况、所服务企业的具体情况紧密结合，构建出本土的理论，才能使得研究更加具有信服力和生命力，从而更好地指导本土的社会工作实践。在宏观层面，建议政府大力完善和推进符合我国国情的企业社会工作制度，倡导企业推动基层党团组织、人力资源部门和行政综合部门、工会等积极开展企业社会工作培训，帮助有兴趣的优秀员工成为企业社会工作者或志愿者，让企业各层级人员更深刻地了解企业社会工作者扮演的角色，企业社会工作能够发挥的作用与功能。必要时可以邀请企业社会工作者针对某特定企业员工的问题进行调查分析，并建立一套符合特定公司具体情况的员工服务方案，持续对各层级的员工进行全方位、高品质的服务。

思考题：

1. 此次小组活动中，组员获得了哪些方面的帮助？

2. 与个案工作、社区工作相比，小组工作在化解员工压力和加强情绪管理方面有哪些优势？

3. 小组的不同发展阶段中，社会工作者分别充当了何种角色？运用了哪些服务技巧？

参考文献：

［1］范明林．社会工作理论与实务［M］．上海：上海大学出版社，2007.

［2］乔治·赫伯特·米德．心灵、自我与社会［M］．赵月瑟，译．上海：上海译文出版社，2008.

［3］石林．职业压力与应对［M］．北京：社会科学文献出版社，2005.

［4］BLUMER H. Symbolic Interactionism：Perspective and Method［M］. Upper Saddle River：Prentice Hall，1969.

［5］MEAD G H. Mind，Self and Society［M］. Chicago：The University of Chicago Press，1934.

［6］JAMES W. The Principles of Psychology［M］. London：Dover Publications，1890.

［7］KUHN M. The Structure of Scientific Revolutions［M］. Chicago：The University of Chicago Press，1962.

［8］范松楠．符号互动理论的源起与发展［J］．新闻爱好者，2010（4）：40.

［9］高梅书，季甜甜．优势视角下农村精准扶贫模式创新路径探索［J］．理论导刊，2018（3）：46-50.

［10］高顺成．企业基层员工压力现状的问卷调查——由“富士康连环跳”带来的思考［J］．华东经济管理，2011（4）：132-137.

［11］李莉娟．浅析优势视角下小组工作在罪犯心理矫治中的有益尝

试——以青海省某监狱为例［J］．青海社会科学，2011（5）：97-100.

［12］孟洁．社会工作优势视角理论内涵探究［J］．华东理工大学学报（社会科学版），2019，34（1）：55-64.

［13］王泳争．企业社会工作介入员工工作压力策略分析［J］．现代商贸工业，2015（11）：115-116.

［14］温谋富．社会工作视野下企业员工压力的因应策略［J］．社会工作，2013（5）：96-100+154.

［15］闫晓娟．企业社会工作及其在企业内部员工关系管理中的运用［J］．社会工作（学术版），2011（11）：76-79.

［16］杨彩云，高梅书，张昱．动态需求取向：小组工作介入社区矫正的探索性研究——以N市C区社区服刑人员角色认同小组为例［J］．中国人民公安大学学报（社会科学版），2014，30（1）：1-8.

［17］杨庆芳．企业如何有效管理员工压力［J］．中国集体经济，2013（11）：70+74.

［18］张必春，李亚男．增能与复原：优势观点视域下失独群体救助的社会工作因应［J］．社会科学研究，2008（5）：102-107.

［19］郑广怀，刘焱．“扩展的临床视角”下企业社会工作的干预策略［J］．社会学研究，2011（6）：83-101+243.

［20］PAUL D，TYSON R. Coping with Organizational Stress among Hospital Nurses in Southern Ontario［J］. International Journal of Nursing Studies，2002，39（4）：36-39.

［21］WATSON J B. Psychology as the Behaviorist Views It［J］. Psychological Review，1913（20）：158-177.

案例八

“职场新人修炼记”造纸企业新员工角色适应的小组工作介入①

一、案例背景

企业作为市场经济的重要组成部分，一直以来，都是解决高校毕业生就业问题的重要渠道。大部分毕业生进入企业，需要完成从学生到员工的身份角色转换，从心理、认知、习惯、行为等方面作出改变，在工作、生活、人际交往和角色定位等方面作出调整，以尽快适应新的环境。而对企业来说，则要抓住新员工初入职场这一人生定位和理想选择的关键时期，利用新员工较强的可塑性，运用各种形式对其进行有针对性和影响力的适应性培训，给新员工营造良好的工作环境和氛围，使其尽快进行社会角色塑造，明确工作目标，熟悉工作任务，做好未来职业生涯规划，融入企业环境，成为成熟的职场人，为组织创造效益和财富。然而，当前大多数企业尤其是民营企业的入职培训形式单一、内容枯燥、浮于表面、员工参与度不够，对新员工没有发挥应有的指引性作用。因此，在入职培训中引入小组工作的价值理念和方法，使新员工尽快完成角色适应，可以弥补当前新员工培训的缺陷，是新时期企业培训工作创新的应然之举。

作为社会群体或组织的基础，角色是由社会地位、身份彰显出的一整套权利、义务的规范与行为模式，代表着他人对个体的行为期望[3]。角色适应

① 活动撰稿人：宫文育，指导老师：张雪黎。

是指个体的角色表现符合社会对角色的期望，个体的自我概念、自我价值观或自我能力与其角色期望相匹配，个体的知识、技能、经历、观念以及动机与其角色需求相吻合。校园和职场的区别体现在时间管理、组织规范、学习方式、人际交往、奖惩机制、评价体系等各方面，因此新员工由大学进入职场，需要进行新旧角色的转换、更替，摆脱学生角色的行为模式和心理特点的影响，发展员工角色所需要的一整套新的行为模式和心理特点，顺利适应员工角色，才能更好地胜任当前的工作。

现实生活中，新员工从学生阶段过渡到职场阶段，在许多方面需要进行适应和调整。一旦自我学习和管理能力较弱，就容易导致认识偏差、自信心不足、心理承受力不强、竞争能力缺乏、人际关系协调能力欠佳等问题，更为严重者还会引发职业目标不明和生活意义丧失的问题，进而引发较为严重的焦虑等后果。本案例通过新员工角色适应问题的小组介入来指导新员工适应新环境，逐步调整其心理和认知，建构与修正他们的职场表现和行为。

（一）造纸业发展概况

造纸业作为我国重要的基础原材料产业，是国民经济十大支柱性产业之一，产品广泛应用于文化、教育、科技和国民经济的众多领域。改革开放以来，随着国民经济的持续快速发展，我国已成为全球纸品产销大国，造纸总产量和消费量跃居世界首位。2014 年以来，我国规模以上造纸生产企业数量整体呈现震荡下行趋势，行业整合加速企业淘汰，呈现出阶段性和结构性过剩的特征。2018 年之后，受造纸行业落后产能淘汰工作的持续深入以及原材料价格波动的影响，我国规模以上造纸企业主营业务收入有所下滑[1]。同时，海外原材料进口受限，致使对其依赖严重的国内造纸行业开始呈现供不应求的态势，众多企业开始纷纷布局海外以获得更多的发展空间。2020 年，江西省纸及纸板产量达 250 万吨，是全国纸及纸板产量超过 100 万吨的 17 个省（自治区、直辖市）之一[2]。

（二）A 企业发展概况

成立于 2014 年 1 月初的 A 企业，是一家主要经营纸制品生产及加工业务的民营企业，位于江西省南昌市昌东区，近年来处于较快发展的阶段。A企业拥有员工100余人，大部分是工作在一线的员工。由于业务的发展和需要，2020年7—8月企业生产经营部陆续入职了刚从大专院校毕业的10余名男生，社会工作者在A企业实习期间，观察到他们尚未适应新的社会角色，经过与人力资源部协商，结合这批新员工的实际需求，开展以帮助新员工角色适应为主旨的小组工作，邀请有共同角色适应困扰的新员工加入小组。根据自愿报名的原则，社会工作者最终选取了10名新员工成为组员。

二、需求评估

通过社会工作者对造纸企业生产经营部新员工工作、生活的参与式观察，发现他们存在如下服务需求。一是完成从学生到员工的转变，形成积极的态度与良好的习惯。新员工在进入职场之前，由于长期生活在校园里，因此，习惯于学校较为自由的作息时间，由教师传授知识的课堂学习模式，南北荟萃的饮食风俗与丰富多元的文化娱乐生活，有的还养成了迟到、早退、拖沓、自由散漫、吸烟酗酒等不良习惯。进入企业后，面对紧张忙碌的生产工作氛围和动辄处罚的严苛管理，他们一时间显得有些茫然失措，跟不上节奏。因此需要培养良好的职业素养，拥有职业态度、职业意识、职业道德和职业技能，遵从企业内部严谨的程序和规则。二是理顺自我与社会的关系，向社会化转变。大学生在思考自我与社会、自我与职业的关系时，很容易以自我为中心，说话、做事只考虑自身的喜好和意愿，不顾及他人的利益和感受，不能恰当地理解人性和社会，往往将社会化等同为“丧失自我”，并从内心排斥社会化。形成对于社会和自我的正确认识，是新员工顺利实现社会化的必经过程。因此，新员工应当学会服从、理解和宽容，善于与他人合作，求同存异，包容同事们在思维习惯、做事方式上的差异，拥有协同作战的能力，以更好地融入社会。三是养成职场的行动模式，学会适应新环境。学生在学校里犯错后往往能得到老师的原谅，考试不及格还可以重修，但工作中一旦出错，给企业造成较大损失，则可能直接被炒鱿鱼。学生在学校里主要靠努力学习取得好成绩，但在职场上复杂的生存环境、稍纵即逝的发展机遇、优胜劣汰的竞争法则都是影响员工能否成功的重要因素。因此，新员工不能把老板当老师，不能把公司当学校，需要对自己的工作负责，以积极的心态控制情绪，热情主动地学习并时刻反省，积累处事经验，发挥自己的独特才能。

三、服务计划

（一）理论基础

1. 优势视角理论

优势视角关注人的内在力量和优势资源，而非关注其问题和病理，将前者作为社会工作助人过程中的关键，并以此来应对生活中的挑战，达到改变的目的[4]。同时，强调每个人都是独立的个体，都享有被尊重的权利，都拥有尊严和价值。优势视角理论对于本案例的指导意义在于新入职的员工肯定会遇到很多问题，难免会感到沮丧和焦虑，社会工作者应协助其找寻自身优势，帮助其树立解决问题的信心，鼓励服务对象通过自己的努力去解决问题。

2. 人际关系理论

人际关系理论是美国行为科学家梅奥创设的，该理论认为，人参与工作或组织并不是纯粹追逐经济利益，员工不是被动、孤立的个体，因此企业在管理过程中不能仅仅从改善员工物质条件和提升工作环境着手，更应该侧重于从社会心理的角度来综合衡量企业的组织和管理。该理论认为，企业中除了为实现企业目标，完成企业效益和经济利益最大化而设置的正式组织，还存在着以员工情感为纽带、注重员工真实情感的表达、维护员工间的共同利益的非正式组织。非正式组织中有共同的价值观和行为准则，会自发形成精神领袖，有利于企业员工间的团结稳定，同时会反哺正式组织，提高员工的积极性，为企业创造更多的经济回报[6]。该理论对本案例的指导意义在于企业发展应该关注员工社会和心理方面的需要，员工的满意度、人际关系的协调度以及环境的适应性都应该是值得企业重视的因素，能够使企业的士气越来越高，并最终实现长远发展。

3. 认知行为理论

认知行为理论是认知理论和行为理论的整合，认为思维、信念、情绪、行为是相互影响的。社会工作者在帮助服务对象解决问题时，应透过外在行为去探索其内在的认知，防止因服务对象能力不足、习惯性思维而导致认知错误，进而采取错误的行为。因此社会工作者应尽力改变服务对象的错误认知，协助服务对象成为自己的咨询者和帮助者，能够调节和控制自己的情绪和行为，最终实现自助与自立。该理论强调服务对象知识经验的形成是主动的，其通过解读外在环境事件的意义、积极有效地自我调适来建构和调节认知，因此社会工作者要尊重服务对象的自主决定和信念。认知行为理论对本案例的指导意义在于，新入职的员工对于新角色所规定的行为规范、权利与义务、态度与情感、知识与技能等还没建立起正确的认知，社会工作者应协助其改变学生思维，有意识、有准备地形成员工角色应有的思维模式和行为方式，以更好地适应未来的职场生活。

（二）小组目标

总目标：通过小组活动帮助 10 名新员工顺利完成角色转变，改变之前学生时代的认知，发挥自身优势，协调人际关系，尽快适应工作岗位，融入企业，更好地为企业创造价值。

具体目标包括 6 项：一是加强组员间的沟通与团队合作，形成凝聚力。尽管组员在同一个部门工作，但相互还不是非常熟悉，需要进一步加强了解，建立更为紧密的同事关系。二是组员形成对企业的正确认知，熟悉企业文化，摆脱对工作的盲目幻想，脚踏实地地投入工作。三是组员明确企业和社会对自身的期望，加强职业规划，尽快成长为成熟稳重、有担当肯负责的员工。四是组员提升人际互动能力，加强对人际关系的感知力，增加人际交往的频率，学会谦虚谨慎、不卑不亢地与同事相处。五是组员加强执行力，从学生时代的“爱思考”转化为“会行动”，主动出击，积极应变，而不是被动等待，畏首畏尾。六是挖掘自身优势，管理自身的情绪，展现多种才能。

（三）小组活动方案

本小组前后共安排了6次小组活动，时间为每周五晚上6：30—7：30，所有活动前后历时3个月。地点在A企业活动室。具体活动安排如表1所示。

表1　小组活动方案

主题	目标	内容	所需物资
第一次 加强沟通，凝聚彼此	1. 明确小组目标和期望；2. 组员与社会工作者建立信任，形成小组契约；3. 组员加强沟通与合作；4. 组员形成凝聚力	1. 社会工作者介绍本次小组活动的主题、目标及内容；2. 游戏："放飞机"，每人写出自己的详细信息，让他人猜是谁写的，让组员相互熟悉；3. 订立小组契约；4. 游戏："红与黑"，组员分成两组进行沟通、面谈，比较得分	签到表； 签字笔； 彩色卡纸； 便利贴； 契约书
第二次 进入角色，熟悉企业	1. 端正组员对自身员工角色的认知；2. 促进员工对企业的认知，熟悉企业文化；3. 加强员工对工作团队的认同	1. 社会工作者邀请人力资源部职员为组员讲述职场规则和职场礼仪；2. 组员观看A企业宣传片，认识企业文化；3. 团队游戏："解开千千结"，促进员工之间的配合度和成就感	电脑； 投影仪； 话筒
第三次 借好平台，做好员工	1. 组员明确企业和社会对自身的期望；2. 加强组员对学生角色转换的认识；3. 促进组员在企业内实现快速成长	1. 分发小卡片，每个组员在每张卡片上写一条"A企业需要怎样的员工素质"，多多益善，最后进行积分比赛，得胜者获小奖品；2. 社会工作者安排组员在白板上比较"学生"和"员工"的不同，提示组员改变学生思维，主动担当，尽快成熟	签字笔； 小卡片； 小奖品（钥匙串）； 白板； 油性笔
第四次 加强规划，主动履责	1. 培养员工对企业的目标使命感与责任感，促使员工对自身的职业生涯负责；2. 促使员工增强积极主动性，按照企业的要求去履行职责，提升执行力	1. 社会工作者鼓励员工将自身命运与企业目标统一起来，制订职业生涯规划；2. 安排企业优秀员工与组员座谈，现身说法，讨论如何提高工作积极性和执行力	签到表； 签字笔； 职业生涯规划书模板； A4纸

续表

主 题	目 标	内 容	所需物资
第五次 拓展人脉，赢得支持	1. 处理组员人际关系的困惑，引导其树立正确的人际观，加强与外界的互动；2. 帮助组员通过沟通拓展人脉，在企业中获得更多社会支持	1. 游戏："食指顶单杠"，引导组员感悟团队精神的重要；2. 游戏："对折纸"，提升组员沟通能力，学会更好地与他人互动；3. 社会工作者引导组员会谈，如何看待学生时代和职场中的人际关系，如何融洽职场人际关系	签字笔； 单杠； 彩色卡纸
第六次 发现优势，展示自我	1. 协助组员挖掘自身优势，展现多种才能；2. 组员更好地管理自身的情绪，提高职场成功概率；3. 回顾活动过程，巩固所学知识，处理离别情绪	1. 每位组员轮流讲述和展示自身优势和才能，由其他组员为其点赞贴星星；2. 通过情绪识别卡片进行情绪表演，帮助组员认识情绪，处理突发事件；3. 活动总结，发表感言与致谢，合影留念	星星贴纸； 情绪识别卡片

四、实施过程

小组初期"加强沟通，凝聚彼此"主要任务是加强组员之间的沟通与合作，使其形成凝聚力。中期的活动包括 4 次小组活动，活动主题分别为："进入角色，熟悉企业""借好平台，做好员工""加强规划，主动履责""拓展人脉，赢得支持"。其中，"进入角色，熟悉企业"活动旨在帮助组员形成对企业的深层认知，深入了解员工角色的内涵；"借好平台，做好员工"活动是帮助组员明确外界对自身的要求和期望，尽快实现由"学生"到"员工"身份的转变；"加强规划，主动履责"活动是促进组员对企业和自身职业发展的责任感，帮助员工提高工作积极性；"拓展人脉，赢得支持"活动是帮助组员加强人际互动，提高沟通能力，在企业中赢得更广泛的社会支持。最后一次活动"发现优势，展示自我"是社会工作者帮助组员发现自身优势，提高情绪管理能力，提高职场成功概率；同时，也对整个小组活动进行了总结，组织组员讨论自身的力量和发生的变化，指出组员取得的进步并就如何继续获得进步提出建议，表达了对组员的美好期望。

（一）小组初期

按照惯例，社会工作者首先发表了欢迎贺词，把自己介绍给组员，并向成员解释了活动的宗旨、流程、时间及内容安排、社会工作者所承担的角色以及作用。组员明确了需要在活动中做什么以及能从小组中得到的收获。接下来，社会工作者带领组员开展了“放飞机”游戏，每人在彩色卡纸上写出自己的详细信息，然后折成纸飞机飞出去，让接到飞机的人猜是谁写的，让组员深度了解他人的详细信息，增加相互熟悉度。然后社会工作者与组员共同制定小组规则，订立小组契约。组员互相讨论规则，将自己认为可行的规则写在社会工作者发放的便利贴上，最终便利贴在墙上拼成一个心形，社会工作者将其进行整理，形成了小组契约。然后社会工作者引导组员开展“红与黑”游戏，组员组成两个队进行比赛。每轮每队有两种选择——“红或黑”，两队在第 4 轮选择后，征得双方同意，可进行第一次沟通，双方各派一名代表面谈 1 分钟；两队在第 8 轮选择后，再次进行沟通，面谈时间也为 1 分钟。除此之外，两队禁止其他沟通。得分规则是若两队均选红，则各得 1 分；两队均选黑，则各减 1 分；一队选红、一队选黑，则选红者减 3 分，选黑者加 3 分；第 9 轮与第 10 轮的得分乘以 3 后计入总分，最后比较总得分。在这个游戏中，组员明白了要取得长期利益，必须采取合作的态度，而团体合作的基础是相互信任，信任则来自通畅的沟通，且信任一旦失去，则难以补救。

（二）小组中期

第二次小组活动“进入角色，熟悉企业”中，社会工作者邀请 A 企业人力资源部职员（志愿者）为组员讲述职场规则和职场礼仪，帮助组员形成对员工角色和要求的正确认知。建议员工摒弃在工资薪酬、职位等级、假期要求和个人发展机会等方面不切实际的过高期望，改变浮躁和攀比心理，防止频繁跳槽、动手能力差、眼高手低、大事做不了小事不愿做的职场新人常见问题，鼓励组员不盲目幻想，脚踏实地地投入工作，建立良好积极的心态和心理承受力，增强独立生活能力和独立思考能力。要热情、主动、外向，尽快、尽可能地让同事和领导愉快地接受自己，要以自身的力量激励、感染、影响并愉悦身边的人，使整个团队充满活力。要培养应对挫折的能力，不能知难而退，而应迎难而上；增强角色意识，懂得“活到老学到老，还有三分学不到”的道理，努力学习掌握社会规定的角色义务、权利和行为规范，努力成为“复合型人才”。接下来，社会工作者播放A企业宣传片，促进员工对企业的发展历程、目标和使命、理念与原则、规章与制度的理解，帮助组员认识企业文化。最后，社会工作者引导组员开展了“解开千千结”的团队游戏，大家思考如何快速解开复杂的“人结”，最后变成一个大圈。通过相互之间的配合，组员共同来解决问题，从而获得信心，实现成就感。

第三次小组活动“借好平台，做好员工”中，社会工作者鼓励组员将A企业作为施展才华的平台，协助组员明确A企业和社会对自身的期望，包括在工作态度方面做到诚信正直、自律严谨、遵守纪律、敬业高效、充满激情、积极上进、坚韧不拔、自信果断、锐意创新、团结合作等；在工作能力方面做到能够快速判断并适应新形势、勇于冒险和敢于竞争、善于学习与勤于钻研、不断更新迭代专业技能、拥抱变革、擅长沟通、具备组织协调能力、懂得实现“工作—生活”的平衡等。同时，社会工作者提示组员分析“学生”和“员工”二者承担的不同责任，使工作中的言行体现社会化、职业化的要求，顺利实现角色转变。作为员工应改变自己的想法观念，学会责任担当，完成从“要”到“给”的转变，从“索取”到“贡献”的转变，树立“不可随便犯错”的理念，尽量少犯错误，勇于承担责任，培养敢于担当的能力。社会工作者引导组员找到个人激励的关键，抓住机会，适时地表现自己，尽快成长为成熟稳重、有担当肯负责的员工。

第四次小组活动“加强规划，主动履责”中，为了让组员有更清晰的目标和行动步骤，更好地发掘自我潜能并增强个人实力，更有信心面对未来，加快职业成功的步伐，社会工作者鼓励组员将自身进步与企业发展联系起来，充分分析和思考职业生涯发展的主客观条件，评估个人目标与现实之间的差距，精准把握自身的个性特质、现有与潜在的资源优势，对自己的价值进行定位，并顺应时代发展风向使其持续增值，确定最佳的职业奋斗目标与职业理想，运用科学的方法采取可行的步骤与措施，开展行之有效的安排，不断增强职业竞争力。接下来，社会工作者邀请A企业多次获得“优秀员工”称号的张某与组员座谈，为其讲述和示范如何提高工作积极性和执行力。张某以自身的工作经历，指出要具备主人翁意识，培养全局观念，时刻明白自己应承担的职责，学会分阶段给自己设立目标，抓住学习和培训机会，增加工作的挑战性，敢于承担风险，加强自我激励，带着激情做工作，以感恩心态对待工作、同事和企业。同时，他还指出要加强执行力，将思维方式和行动方式从思考居多转化为行动居首，主动出击，积极应变，而不是被动等待，畏首畏尾；在公司要主动找事做，而不是被动等事做；做问题的解决者而非问题的挑剔者，尽力为他人排忧解难，实现自身的价值；努力提高自己的执行力，不能因为自身能力的缺失给公司带来损失。

第五次小组活动“拓展人脉，赢得支持”中，由于与上次活动中间隔着“十一”假期，且正好赶上生产旺季，因此本次活动开展时已与上次活动间隔了3周。为了让组员回顾起以往的活动内容，社会工作者花费了15分钟进行了陈述。为了让本次活动唤起组员对小组的归属感，结合“帮助组员更好地建立和谐的职场人际关系，拓展人脉，构建宽松的企业文化氛围”的小组目的，社会工作者带领组员开展了两个团队游戏“食指顶单杠”与“对折纸”，让组员在活动过程中进行良好的沟通、表达和协调，以期提升组员的人际互动能力，加强组员对人际关系的感知力，增加其人际交往的频率，学会谦虚谨慎、不卑不亢地与同事相处。接下来，社会工作者引导组员会谈，比较了校园和职场面临的不同人际关系，让组员意识到学生之间以及学生和老师之间是很单纯的关系，很少有尔虞我诈的事情，而职场上是复杂多变的竞争关系，考验的不仅是个人的生存能力，还有智商、情商等。职场人士要建立良好的人际关系，就必须用伦理道德来规范自己，对待上级要谦逊有礼，对待下级要关爱且言传身教，对待平级要互利共赢。

（三）小组后期

第六次小组活动“发现优势，展示自我”中，社会工作者引导每位组员轮流讲述和展示自身优势和才能，由其他组员为其贴小星星，看谁最后得到的小星星数量最多。社会工作者鼓励组员树立“活到老、学到老”的终身学习理念，不断向同事、领导和社会学习，学习专业知识、工作方法和社会经验，以提升工作技能和职业素养，不断满足职业发展不同阶段的需要。要有自觉的意识和理念，在工作和人际交往的细节中时刻反省自身的不足，并有针对性地加以弥补。针对员工面对工作困难导致的不良情绪，社会工作者邀请组员通过情绪识别卡片进行情绪表演，来缓解新员工压抑、焦虑、紧张等不良情绪，帮助他们更好地认识情绪，掌握合适的处理情绪的技巧和唤醒亲密情绪的技能，在思想、情绪和行动之间建立良好的协调关系，把各种情绪转换为工作中建设性行动的推动力，从而掌控和管理好自己的情绪，做情绪的主人。建议组员体会校园文化和职场文化的不同，不能像在学校里一样随心所欲，以对待老师和同学的方式随意地与同事、领导相处，而要学会控制自己的情绪，谨言慎行，善于与不同个性的人和谐相处，求同存异，使自己更快、更好地融入集体和团队。最后社会工作者进行活动总结，指出组员的改变，组员发表感言与致谢，所有人合影留念。

五、总结评估

（一）过程评估

小组活动之前，在社会工作者的观察和筛选组员的访谈中，组员表现出对目前境况及未来前途的担忧，包括难以摆正初入社会的心态，不懂如何适应职场，对职业规划感到迷茫，对未来工作和生活感到不确定，等等。

小组活动初期，每位组员都能坦诚相见，在纸飞机上认真写下了自己的详细信息，包括家乡、毕业学校、所学专业、兴趣爱好甚至外号，这样有利于组员迅速了解队友并找到与自己有相似之处的组员，拉近彼此间的距离。

小组活动中期，每次活动均能按照活动计划方案进行有效实施，组员参与度较高，尤其是对团队游戏充满兴趣，且能通过游戏领略到团队对个人发展的重要性，了解在群体中如何遵守规则，适应环境，谋求发展。如通过“食指顶单杠”游戏，组员感悟到团队精神的重要，即应当尊重市场规则，团队需要勇于担当的领导者，指责他人毫无用处，以及当出现困难时仍然要坚定信心等。在“对折纸”游戏中，组员意识到沟通的重要性，思考为什么会有这么多不同的结果，发现了单向沟通的局限性，而在完成第二步之后为什么还会有误差，则是因为没有绝对正确的沟通形式及方法，沟通的意义转换过程必须依赖于沟通双方对当时环境的把握以及对彼此的了解。同时组员就如何融洽关系与精进自身进行了深刻的思考，组员们认为要尊重同事，礼貌待人，虚心请教，不要随便踏入人际关系的旋涡，因为一旦进入便要始终为其所累；要善于向别人学习，面对企业里的良师益友抑或其他朋友，要取其精华去其糟粕；要提升自我认知能力，清楚自己的职业定位；要正确对待评价，有则改之，无则加勉，辩证地对待别人对你的评价；最后要注意细节，防止细节上的疏忽造成整个工作的崩盘，得不偿失，让人后悔莫及。

小组活动后期，大多数组员都变得更加自信，在分享自身参加小组活动后的变化时，都认为自身的团队适应性和人际交往能力更强了，并对自我的优势和将来的发展方向有了更加清晰的认识。小组活动的目标基本上能够达成。

（二）结果评估

据组员自身和组员部门领导的陈述，大家认为本次小组活动使组员的工作能力、态度及认知都有所改变，职场适应能力和人际关系处理能力得到了较明显的改善，工作积极性得到一定的提升，职业发展目标更为明确，组织归属感更强。个别组员在工作上表现较为突出，企业决定将其作为业务骨干进行培养。

六、专业反思

小组服务的评估结果表明本次企业社会工作介入对改善 A 企业新入职员工的角色适应问题起到了一定的作用，但在介入过程中，也遇到了一些值得反思的问题与困境。

首先，A 公司是生产制造类的造纸企业，小组活动的设计理应贴近企业和行业的特点，社会工作者虽然在小组设计中融入了大量社会学、社会工作的专业要素，但应该更多地融入造纸业企业生产与管理方面的元素，从而给予组员更为实用的帮助。

其次，社会工作者对组员的需求评估仅局限于大部分组员的需求，对于部分组员个人的特殊性需求并没有顾及。由于活动之初组员对社会工作者的信任程度不高，对自身问题表述得不够完整，社会工作者本身引导组员表达需求的技巧也有限，加上小组工作的开展时间有限，每次小组工作的时间并不是很长，因此在小组活动的安排中没有对组员个别化的需求加以关注。

最后，本小组并未进行严格的前后测来评估小组活动的效果，仅通过社会工作者的观察和组员及其领导的陈述判定小组目标是否达成，组员的职场适应能力是否得到明显改善。测量数据的缺失致使小组工作的成效无法得到严格证明。

七、督导点评

从学生到员工的身份转换过程中不可避免地会面临角色冲突。对企业新进员工来说，认识到角色冲突存在的必然性，并且寻找到合适的方法来处理这种冲突，对未来工作的顺利进行具有非常重要的意义。本案例通过较为典型的支持性小组活动，对 10 名刚进入企业的大专院校毕业生，进行了角色适应辅导，结果证明小组工作是帮助新员工处理角色冲突问题的有效手段和方式，有助于新员工尽快适应新的职场生活，激发内在潜能，提升自我认知能力，树立职场信心，从而在未来创造更大价值。同时，还帮助组员形成了自发的联结性，保证员工在今后的日常工作中仍可以保持相互联系，拥有促进彼此提升的持续动力。

在整个服务过程中，对于组员的表现，社会工作者都给予尊重、接纳与鼓励，并表现出同理心，让组员感受到在小组工作的“保密”前提和封闭模式下可以自由地表达。同时，开展的互动讨论式的理论讲解形式又使得组员不至于感到枯燥无味，且能够体验到同事之间的理解和支持。今后如能为这些员工定期开展后续的小组活动，将其形成一种工作模式，则可更好地激励员工提升工作效率，为组织创造更多绩效。

本案例经历了问题发现、需求评估、开展小组活动以及效果评估等过程和步骤，较为完整地呈现了一个小组活动从准备到结束的整体过程。本案例中小组活动的设计和进程比较符合新进员工的需求，并且社会工作者根据上次活动中获得的信息来调整下一次活动的内容，对服务对象进行了较为充分及时的回应。同时，小组的时间安排需要进一步优化，每两次活动的间隔时间不固定，时长时短，最短的一次是一周，最长的一次是三周，以至于间隔时间较长后的那次活动需要安排较长的预热时间，需要社会工作者充分提醒才能让组员回忆起上次活动的内容，不利于巩固活动成效。为保证活动效果，应将小组开展的时间尽量协调到每周一次，以保证活动内容对组员产生显著的效果，使组员持续内化小组经验。此外，由于组员人数较多，导致交流的深度受限，仅限于心得交流层面，深层次的挖掘还较为欠缺。如果社会工作者能够给予更多的引导，让组员将小组所学延伸到日常工作的自我计划、自我管理上，那么活动的意义将更加深远。

思考题：

1. 学生角色与员工角色对人的要求有哪些不同？
2. 新员工通常会遭遇哪些职场适应问题？
3. 社会工作者可以设计哪些服务内容，帮助新员工解决职场适应问题？

参考文献：

［1］前瞻产业研究院．2020 年造纸行业市场现状与发展趋势分析［EB/OL］．http：//www. cppi. cn/world/4527. html，2020-05-25/2022-04-16.

［2］中项网行业研究院．中国造纸行业发展现状及趋势判定［EB/OL］．https：//zhuanlan. zhihu. com/p/407253085，2021-09-06/2022-04-16.

［3］郑杭生．社会学概论新修［M］．5 版，北京：中国人民大学出版社，2019.

[4] SALEEBEY D. 优势视角：社会工作实践的新模式［M］. 李亚文，杜立婕译. 上海：华东理工大学出版社，2004.

[5] 何辉，黄月. 组织社会化策略与新员工工作适应研究［J］. 管理学报，2015，12（10）：1457-1464.

[6] 李建华. 人际关系理论在工程企业人力资源管理中的应用［J］. 中国管理信息化，2016，19（6）：110.

[7] 李玲. 新员工胜任力提升路径分析——基于无边界职业生涯理论［J］. 领导科学，2020（6）：80-82.

[8] 王连花. 新员工单位融入障碍的具体表现、影响因素与消除策略［J］. 领导科学，2021（13）：118-120.

[9] 严鸣，邬金涛，王海波. 认同视角下新员工组织社会化的结构及其作用机制［J］. 管理评论，2018，30（6）：149-162.

案例九

“众人划桨开大船”中小房地产企业员工提升组织凝聚力小组服务[①]

一、案例背景

近年来，随着全球经济走势低迷，以及疫情对房地产行业资金链产生了强烈冲击，房地产行业增速逐渐放缓，加上房地产企业数以万计，竞争异常激烈，因此中小房地产企业承受着不小压力，发展态势不算乐观。目前，抗风险能力弱的中小房地产企业正在加速退出市场，头部房地产企业并购增加，行业集中度进一步提升，房地产市场存在着诸多不确定性。房地产企业要恢复行业平稳发展，稳定市场预期，达成之前的销售目标，收到销售回款和实现市场融资，仍需长足努力。

（一）Z 企业发展概况

江西 Z 地产营销有限公司（以下简称“Z 企业”）是一家从事商业地产营销策划的公司，于 2010 年从省会南昌开始起步，目前已经在省内吉安、丰城、赣州、永丰、新干等地设立了分公司，拥有员工近 500 人。公司主营业务包含市场营销策划、房地产咨询、房地产经纪、广告设计与代理等。由于招聘员工门槛不高，专业性不强，且经常需要加班加点工作，员工之间时常要比拼业绩，竞争压力较大，因此员工的流动性十分大，跳槽或转行的概

---

① 活动撰稿人：余志群，指导老师：苑晓美。

率较高，公司的凝聚力不强，不利于组织的长远发展。

（二）Z企业员工团队凝聚力基本状况

社会科学领域中的凝聚力概念最早是在20世纪50年代由美国心理学家库尔特·勒温提出的，用以指称群体内部各成员间的特殊关系与相互吸引力导致成员愿意留在群体内的程度。苏联社会心理学专家彼得洛夫斯基将组织内的凝聚力定义为情感吸引、价值认同、行为一致3个方面。之后的学者大多将凝聚力的特征归纳为协同一致、团队精神、组织和谐度、成员满意度与忠诚度等方面[6]。

笔者通过观察，有以下发现。第一，Z企业南昌分公司员工以大专及高中学历为主，约八成的员工年龄在30岁以下，他们有活力有干劲，有创业激情，看重职业发展的机会，然而，从目前的工作实践来说，公司并未尊重、鼓励和珍惜员工的创业激情，组织员工就公司未来的设想与可能的发展方向进行讨论，没有让员工在统一的组织目标支配下进行自我设计。同时，由于公司内部规范性有待加强，因此组织难以通过规范在一定程度上约束员工的行为，使其最大限度地指向团队任务，在一定程度上又削弱了团队凝聚力。第二，工作性质的特殊性要求员工经常加班，且每月绩效考核压力不小，但是员工由于较为年轻，生活阅历和人生经验并不丰富，心理状态不成熟，一旦工作任务繁杂则容易焦虑，情绪波动较大。而员工平时又大多处于单打独斗谈业务的状态，与团队沟通不多，因此遇到不顺心的事情时往往选择独自消化负面情绪，难以从团队汲取力量。第三，员工之间的吸引力较弱，团队成员共同努力且密切协作的机会不多，彼此在行为、情绪和心理上尚未步调一致，甚至为了争夺客户或是比拼业绩而相互排斥。该公司是以销售为主，有些销售能力强的员工有自己的“独门秘籍”，但并不会与其他员工分享，这也导致员工内部的竞争压力，不能为实现公司利益最大化而进行团队合作。因此，当遭遇工作上的重大挫折时，员工也较少得到同事或团队的帮助，只能选择脱离团队。

为帮助Z企业南昌分公司增强团队凝聚力，塑造团队文化，创建一个团结向上的良好氛围，给员工营造合理、和谐、幸福的工作环境，增强员工的幸福感和归属感，使其更好地应对工作压力，提升工作绩效。社会工作者在公司领导和人力资源部的支持下，开展了“众人划桨开大船”企业社会工作小组服务。由于房地产营销企业的上班时间不确定，员工经常要根据客户的休息时间来安排工作任务，他们无法按照固定的时间来参加小组活动，因此本次小组工作采取开放式小组的形式，面向全公司的员工招募组员。组员的招募以自愿报名的方式，主要通过工作微信群进行招募，要求每次小组人数达到 6 人以上。

二、需求评估

通过前期对公司员工的访谈及调研，社会工作者对服务对象的需求分析如下。一是统一组织目标，使员工的利益、行为、价值观与组织相一致，从而使员工拥有共同的愿景，对团队形成强烈的归属感。二是团队为员工的成长与发展、自我价值的实现提供便利条件，加强民主管理和制度建设，统一内部规范，遵从公平合理的原则，让员工有章可循。三是开展团队建设，营造和谐的内部环境，建立良好的团队内部沟通渠道，加强老员工对新员工的指导，帮助新员工适应人际环境，提升信息交流频率。四是加强团队协作，强调组织的共同长远利益，使员工形成彼此关心、互相尊重、相互依存和同舟共济的团队意识。团队成员形成较强的责任感和事业心，富有集体主义精神，愿意承担团队的任务。

三、服务计划

（一）理论基础

1. 场域理论

19 世纪中叶的物理学概念孕育出的场域理论，是关于人类行为的一种概念模式，至今已发展为社会心理学的主要理论之一。场域并非单指物理环境，也包括他人的行为以及与此相连的许多心理因素，它构成了个人的整个生活空间，是个体与环境交互作用所形成的共同的动力整体。其中，个体因素包括遗传、能力、情绪与动机等，环境因素则包括社会与自然的一切条件，以及人与人的互动。场域理论认为环境只有在同人的心理目标相结合时，才能起作用，即生活空间才成立；生活空间具有动力的作用，表现为吸引力和排斥力，这种动力作用驱使一个人克服排斥力，沿着吸引力方向，朝着心理目标前进。个体行动的场域会对行动本身产生影响，而个人的所有行为也会影响场域，这种关系是互通互动的。

本案例中，对企业员工而言，企业就是其工作的场域。员工个人与企业环境相互作用、相互影响。企业发展一旦与员工的心理目标相结合，就能发挥环境作用。同时企业具有提供动力的功能，这种动力对员工个人能产生凝聚力和向心力，并鼓励员工克服困难，实现职业发展目标。

2. 社会支持理论

根据社会支持理论，个人在社会支持网络中能够维持社会身份并且获得情绪支持、服务、信息以及新的社会接触与物质援助。因此，当人们获得的社会支持越多，就越能应对各种挑战和压力。

以社会支持为理论取向的社会工作，强调对于社会网络资源占有与利用能力不足的个体，要通过干预并扩大其社会网络，提高其社会网络的利用能力，来对其予以帮助。在企业中，如果员工缺乏来自工作团队的社会支持，就容易出现焦虑、抑郁[3]、躯体化、强迫症状、人际关系敏感、敌对、精神病性等心理健康问题[10]。此时，社会工作者就可以通过专业的方法帮助团队加强社会交换和社会互动，使团队成员能够相互提供各种信息、意见与知识等认知支持，以及安慰、倾听、理解及交流等情感支持，还有实际的帮助行动即行为支持，最终帮助员工减轻心理应激，缓解紧张状态，提高社会适应能力。

本案例中，社会工作者期待帮助企业健全相关制度，采取切实可行的措施，为员工提供积极有效的社会支持，提升其职业福利水平，改善其工作环境，丰富其业余生活，为其提供信息、建议或指导，营造员工之间积极互助的良好氛围，使其感受到来自团队的关心、鼓励和信任。

（二）小组目标

总目标：通过组织凝聚力提升小组，协调员工与企业的共同利益，塑造双方一致的价值观与发展目标，发挥相互间的协同效应，以和谐融洽的组织氛围增强企业对员工的吸引力，以高昂的员工工作积极性提升企业的竞争力。

具体目标包括四项：一是协调企业目标与个人目标，构筑企业与员工的共同愿景。企业关心员工的前途和未来，以包容的心态统合员工的多元愿景，让员工看到发展的方向，且感到被尊重，从而使员工将企业利益视为自身利益，主动为企业创造价值。二是促成严密、科学、合理的组织内部规范，杜绝员工的机会主义行为，优化各岗位的工作设计和任务分配，防止工作边界模糊不清。三是通过企业文化建设，化解企业内“老人”与“新人”之间的冲突，消解管理者与普通员工的矛盾，协调员工之间的利益失衡问题，避免组织内耗，加强相互间沟通。四是营造和谐的企业内部环境，培养员工相互之间的信任感与认同感，使其以诚相待，推心置腹，加强内部培训，让员工充电，练好内功，提高岗位工作技能和士气，从而稳定员工队伍。

（三）小组活动方案

本小组前后共安排了6次小组活动，时间为每周一晚上7：00—8：00，原因是周一晚上客户较少，员工空闲时间较多，且周一晚上很多部门会有些零散活动，所以参与小组活动的人员可能会多些。所有活动前后历时两个月。地点安排在Z企业会议室。具体活动安排如表1所示。

表 1　小组活动方案

主　题	目　标	内　容	所需物资
第一次 聚是 一团火	1. 明确小组目的和期望；2. 组员相互熟悉，建立专业关系；3. 帮助组员初步了解凝聚力	1. 社会工作者介绍本次小组活动的主题、目标及内容，组员进行“滚雪球介绍”，增进对其他组员的关注和认识；2. 破冰游戏：“珠行千里”，使组员感受到团队只有一条心，相互进行有效的配合，才能顺利完成每一个环节；3. 请组员回答问题：“大家觉得什么样的团队才是一个有凝聚力的团队?”使组员认识到凝聚力对于团队的重要性	签到表； 签字笔； 乒乓球； PVC 管
第二次 我的 明天里有你	1. 统一组织目标；2. 创造企业与员工的共同愿景；3. 加强员工对团队的归属感	1. 观看 Z 企业宣传片，认识企业文化；2. 每人画一幅画：未来的 Z 企业和我，畅想 5 年后 Z 企业和自身的发展；3. 团队游戏：“找家”，使组员感受团队归属感的重要性	电脑； 投影仪； 话筒； 画笔； A4 纸
第三次 制度 为王	1. 加强企业民主管理；2. 规范企业制度建设	1. 组员投放小纸条：“我为企业建言”，提出企业管理和制度建设中的可优化之处；2. 团队游戏：“数字传递”，使员工明确制度规则的建立与修正对团队的重要性	小纸条； 投票箱； 数字卡片
第四次 团队 一家人	1. 加强团队建设，组织企业文化活动，丰富员工业余生活；2. 加强组织内部沟通和信息交流，开展内部培训	1. 根据组员意愿，业余进行登山活动和拓展训练，增强员工之间的沟通和交流；2. 邀请高校心理学老师为组员讲解员工个人减压与团队抗压方法，通过“翻树叶”游戏增强员工相互协作，通过“粉碎压力”游戏释放组员压力	电脑； 投影仪； 话筒
第五次 信任与合作	1. 加强团队协作；2. 提高团队信任度；3. 增强团队意识和员工责任感	团队游戏：1. “无敌风火轮”，培养员工的团队精神和计划、组织、协调的能力；2. “信任背摔”：促进组员间的相互信任和理解；3. “为你负责”，培养组员的责任感，让组员为自身的行为负责	报纸； 胶带纸； 高桌子

续表

主题	目标	内容	所需物资
第六次 继往开来	1. 回顾活动过程，帮助组员巩固活动收获；2. 让管理层了解员工的心声，帮助员工在组织内获得存在感	1. 主题活动：“成果大拼盘”，邀请每位组员总结自己参加小组以来的收获；2. 收集员工提出的建议，并反馈给企业管理层；3. 总结与致谢	签字笔； 彩色便利贴； A4 纸

四、实施过程

小组初期的“聚是一团火”主要任务是帮助组员明确小组目的和期望，并初步了解什么是凝聚力。中期的活动包括 4 次小组活动，活动主题分别为：“我的明天里有你”“制度为王”“团队一家人”“信任与合作”。其中，“我的明天里有你”活动旨在提升组员对 Z 企业的认同感与归属感，将个人的职业发展与企业的目标愿景统一起来；“制度为王”活动是为了促进企业规范内部制度，加强民主管理；“团队一家人”活动是帮助企业进行团队建设，促进组员加强沟通与交流；“信任与合作”活动是帮助组员增强团队意识和责任感，加强团队协作精神。最后一次活动“继往开来”旨在对整个小组进行回顾和展望，帮助组员巩固所学知识，且让企业了解活动成果和员工的心声。

（一）小组初期

社会工作者在向组员简要介绍小组活动的主题、目标及内容之后，特别设计了组员“滚雪球介绍”的方法。通过对包括自己在内的前述组员资料的重复，增进每位组员对其他组员的关注和认识。然后，开展破冰游戏“珠行千里”，让组员排好队，用 PVC 管来传递乒乓球，引导组员在活动中进行换位思考，锻炼任务执行力、沟通与协作能力、领导力等能力，并邀请组员自由发表游戏体会，积极思考正确的沟通方法（如鼓励与支持）、错误的沟通方法（如抱怨和指责），以及二者分别对于团队凝聚力及绩效的影响，使组员意识到只有团队一条心，相互进行有效的配合，才能顺利完成计划、执行、层级管理等每一个环节。只有成员都具备与实现目标相关的知识技能及与他人合作的意愿，才能保证工作任务顺利完成。最后，社会工作者组织组员讨论“什么样的团队才是一个有凝聚力的团队”这一问题，引导组员认识到凝聚力是维持团队存在的必要条件，它可以有效地促进团队潜能的发挥，对企业的发展具有重要作用。

（二）小组中期

第二次小组活动“我的明天里有你”中，社会工作者为利用企业文化的导向和激励功能，发挥企业文化“软实力”的战略引领和思想支撑作用[10]，联系了企业宣传部，借来企业宣传片，播放给组员观看，使组员对企业的形象产生更为深刻的认识，进一步认识企业发展历程、所获荣誉奖励、主营产品业务、经营管理理念以及未来发展蓝图。帮助组员感到自己是在对有意义的事业贡献个人的力量，发现在Z企业就职的意义和成就。然后，让每位组员画一幅画，畅想5年后Z企业的发展状况，以及自身的发展状态，引导组员将自身命运与企业前景密切联系，展望自身的能力和成就。几位组员畅想自己晋升为了团队主管，几位年轻组员设想自己已结婚生子，有了美满幸福的小家庭。在多数组员的画中，企业的业绩也是蒸蒸日上，发展了更多的门店，招聘了更多的员工。社会工作者鼓励组员根据自身的智力、能力、才能、兴趣以及技术特长进行职业生涯规划，不忘初心，积极向上。接着，社会工作者安排组员进行了团队游戏“找家”，通过每一组员被团队随机接纳或排斥，让其感受到被团队接纳的重要性、安全感和幸福感，使其意识到团队在帮助成员拥有心理归属方面发挥着重要功能。

第三次小组活动“制度为王”中，社会工作者组织组员为企业建言，鼓励组员各抒己见，将自己对企业管理和制度建设方面的建议制成匿名小纸条，投放至意见箱中，帮助企业优化管理。然后打开意见箱，梳理意见，就组员们提出的工作设计和任务分配不合理，以及工作边界模糊不清等问题进行了一定程度的讨论，大家期待企业能够制定一个被普遍认同的合作规范，采取公平的管理原则。并打算活动后整理成文字，提交给企业行政部，助力企业优化组织框架。为了让组员体会规则制度的重要性，社会工作者组织组员参加了“数字传递”游戏，设置了一系列游戏规则并不断增加，使学员强烈地意识到，只有适应和遵从规则，才能获得游戏的胜利。反之，游戏双方就会陷入混乱，无法分出高下。

第四次小组活动开展之前，社会工作者关注到Z企业的员工们在工作中存在着不同程度的适应性问题，尤其是初出茅庐的新员工对工作内容充满迷惑，难以做到跟上节奏和快速上手；同时，由于不熟悉上下级与平级之间的沟通风格与行为方式，交流上存在障碍，因此无法把握职场复杂的人际关系；且老员工大多都为完成每月业绩而自顾不暇，对新员工的指导和帮助极为欠缺，使新人们感到非常孤独无助。为增强员工相互间的沟通和交流，丰富员工的精神生活，社会工作者调查了员工意愿，了解到员工期待开展集体活动以丰富业余生活。考虑到Z企业属于中小企业，无法像大型国有、外资企业那样投入大量资金对员工进行团建，因此量力而行，连续开展了徒步登山（梅岭）和户外拓展训练两次活动，虽然活动由参与的员工自己出了经费，但是仍然受到大家的热烈欢迎。而且这两次活动中，社会工作者特意邀请了Z企业副总经理王总和明星销售员小张参加，王总讲述了自己对房地产行业未来趋势的预判，开阔了员工的思路，小张则分享了自己如何从一名销售菜鸟成长为行业新秀的职业心路历程，并列举出销售人员最容易遭遇的问题以及解决方法。

在第四次小组活动“团队一家人”中，社会工作者邀请江西J大学心理学专业老师前来Z企业，为组员讲解个人减压与团队抗压方法。老师向组员介绍了“11种非理性观念”“团队减压20法”等知识点，并且通过“翻树叶”游戏进一步增强组员相互协作的能力，使其意识到团结的重要性。同时，还进行了“粉碎压力”游戏，让组员在将写满工作和生活压力清单的大纸撕碎的瞬间，一定程度上能够释放内心的不满情绪。在平息愤怒后，组员围成一圈坐好放松，在老师播放的自带冥想词的轻音乐中尝试了冥想，达到缓解压力的目的。最后，老师引导组员相互分享了内心的压力事件，以及今后打算如何排解不良情绪的方法，以消除组员的种种不稳定心态，使其从容面对压力。

第五次小组活动“信任与合作”中，社会工作者带领组员开展了经典的小组游戏“无敌风火轮”，以培养组员团结一致、密切合作、协同作战的团队精神，服从指挥、一丝不苟的工作态度，以及开展计划、组织和协调的工作能力。然后，通过“信任背摔”游戏促进组员间的相互信任和理解，帮助组员在诚信基础上进行合作，形成团队向心力。然后，社会工作者带领组员开展了“为你负责”游戏，由于具备一定的难度，因此组员遭遇了不同程度的失败，社会工作者引导组员反思队员间的抱怨、指责和不理解对于团队的发展具有很大危害，且出现问题后推卸自身的责任不利于队员培养责任感，只有彼此支持体谅，为自身的行为负责，同心协力对抗外界的压力，才能确保团队取得优秀的业绩。

（三）小组后期

第六次小组活动“继往开来”中，社会工作者邀请每位组员总结自己参加小组以来的收获，写在彩色便利贴上并贴在黑板上，组成“成果大拼盘”，邀请员工分享自身对于企业管理优化的思考，并将员工的想法整理好，写在A4纸上反馈给企业管理层，帮助管理层了解员工的心声。最后，社会工作者对本次活动进行了总结，并感谢所有组员的热情参与。

五、总结评估

（一）过程评估

小组活动初期，由于“滚雪球介绍”环节的要求，在其他组员进行自我介绍时，每位组员都能仔细倾听，并能较好地重复前面发言者的信息，从而增加了对其他组员的熟悉程度。在破冰游戏“珠行千里”中，组员生龙活虎，全力配合，尽力完成每一次任务，团队的气氛更加融洽。而在回答“什么样的团队才是一个有凝聚力的团队”问题时，组员们积极发言，提出了多种观点：一是团队目标聚焦，成员能够形成共同利益，劲往一处使，做好目标拆解，保证落地执行，责任到人，合理分工；二是奖惩规则透明，薪酬激励机制科学，以贡献论报酬，资源分配兼顾效率与公平，能够有效激发员工斗志，激励其挖掘潜在人力资本价值，创造最佳绩效，以此吸引和留住员工；三是企业关注员工的思想动态，保护员工的工作热情，实行人性化管理，重视员工的意见和建议，切实在员工中展开调查，了解企业的各项规章与管理制度能否被员工正确地理解和执行，是否最终达到了预期效果；四是营造可以激发员工集体创造和合作精神的工作环境与氛围，促进员工之间的信息交流与情感沟通，组织员工开展集体活动，创造优秀的企业文化，并将其潜移默化地注入员工的思想中，以增强员工对企业的情感依附。

小组活动中期，大多数组员认真参与了社会工作者设计的活动环节，如观看Z企业精心制作的宣传片，引发群情激昂，士气高涨，大家纷纷为企业的成功感到自豪。但也有个别组员因以前看过该片，因此就在玩手机。在憧憬5年后自己与企业的发展状况时，每位组员兴致都很高，虽然绘画技术有限，但都进行了较为乐观的展望。

在为企业管理和制度建设建言方面，组员们踊跃发言，指出尽管目前在职员工的薪酬待遇没有提高，但工作量却不断加码，员工不得不经常加班。究其原因，一是企业为了逐利而尽量精减人员，二是企业对各岗位的工作设计和任务分配不合理，员工经常被指派去完成自身职责外的工作，以致人为地加大了工作强度和难度，组员们期待企业能够构建更为科学、合理、严密的企业组织框架，使每个岗位职责明确，分工合理，从而有效地预防并杜绝员工的过劳状态，以及渎职、泄密等机会主义行为。

组员们积极参与每一次团队游戏。组员在游戏“找家”中，体会到了归属感的重要性；在“数字传递”游戏中，体会到了遵守既定规则制度的重要性；在“无敌风火轮”游戏中，充分发挥了团结协作的精神，共同讨论，决策任务计划与执行方案；在“信任背摔”游戏中，均能做到信任队友，安心地背过身“摔倒”在队友用手搭成的“床”上，体现了开放真诚的合作态度；在“为你负责”游戏中，意识到内耗只会造成情绪低落和进一步的失败损失，只有及时止损，客观看待责任，每个人都勇于承担属于自身的那份责任和义务，相互理解，共同担当，互伸援手，才能确保团队取得优秀的业绩。

通过社会工作者组织的徒步登山和户外拓展活动，员工们不仅和王总及小张亲密交流，了解了行业信息，学习到很多“干货”，增强了工作信心；相互之间也更加熟悉，在共同爬往山顶和完成拓展任务的过程中，加强了配合与协作，建立了更为亲密的互动关系，感受到他人的扶持和团队的温暖，组员认为这比空洞的说教更具感染力和号召力，并表示今后大家可以在遇到问题时互通信息、相互帮助和共同提高，共享利益和成就，共担责任，共谋发展。在第四次小组活动“团队一家人”中，员工饶有兴致地倾听了心理学老师的减压抗压讲座，在老师的带领下积极参与“翻树叶”和“粉碎压力”游戏，以及冥想、分享等环节，组员们表示听完这节课非常有收获，且学到了能够即刻运用于日常生活中的、非常实用的释放内心压力的经验和技巧。

小组后期，组员由于以年轻人为主，思维活跃，因此积极分享自身对于企业管理如何优化的思考，期待企业能将未来的发展设想与员工讨论、争论，发挥员工的创新精神，群策群力，让员工根据企业战略目标和方向进行自我设计，加强自律水平；能积极创造机会使员工相互加强沟通，密切联系，以凝聚人心，如组织员工集中接受培训，开展各种积极向上的文体娱乐活动与比赛，建立员工俱乐部，组织员工球队，集体外出徒步等；能及时关注员工动态，适时使用心理援助等手法，以沟通、访谈、讨论、建言会等多种方式，疏导员工心理[9]，老员工多指导和帮助新员工调整状态，振奋斗志。

（二）结果评估

首先，社会工作者对本次活动进行了目标达成情况评估。社会工作者认为组员在活动中认识到了归属感、凝聚力的作用，与团队有了更好的融合，能够将个人命运与企业前景联系起来，愿意站在企业角度思考问题，与其他同事加强沟通，达成信任关系。组员通过活动，形成了良好的情感关系和社会支持，凝聚力得到一定程度的提升。整体来看，小组目标基本实现。

其次，由于本次小组工作是开放式小组，因此 6 场活动中只有 3 人是从始至终都坚持到场的，其他人大多是参加了 2~3 场，所以每场必到的 3 位组员对服务内容满意度与服务质量满意度进行了评估。组员认为本次小组活动形式多样，寓教于乐，内容设计科学，流程紧凑，气氛活跃，参与度高，社会工作者态度友好，能够耐心指导组员完成活动内容，有效地缓解了组员孤立、迷茫的负性情绪体验，提升了组员的团队归属感和幸福感。

六、专业反思

本案例在开展过程中呈现出如下不足：首先，企业社会工作认知度不高，前期招募组员存在困难。由于企业社会工作在内地的发展时间较短，专业性及专业影响力不够，因此Z企业管理层及员工对社会工作极为陌生，前期招募组员非常困难。将社会工作嵌入现代工业社会涉及工业社会福利理念转变、服务创新，也意味着要突破制度壁垒、消除专业（或行业）偏见与排斥和开展制度创新。现阶段人们对社会工作在解决现代工业社会矛盾和协调个人与企业关系中的作用认识不足[8]，管理层不清楚社会工作者的服务能给企业带来哪些明显的成效，员工也不知道参加社会工作者活动对自身有何益处，直接影响企业社会工作服务员工、服务企业的实践发展。这就造成一个令人尴尬的事实：尽管在需求评估阶段，社会工作者了解到不少员工亟须在相关方面接受社会服务，但是在服务真正开展后，活动参与人数远低于需求评估时对相关服务感兴趣的人数，第一次前来参加活动的组员仅有5人。可能是由于房地产企业工作的特殊性，导致服务对象参与活动的时间难以保证。管理层不希望活动耽误员工跑业务，员工也不希望活动延迟下班时间，从而难以协调参加服务活动的时间。在活动中期，员工们对小组活动有了一定了解之后，参加人数才逐渐增多，最多一次是10人。

其次，活动调动的资源比较匮乏。从理想状态而言，只有充足的人力、物力资源才能保证服务效果理想。但本案例中专职社会工作者数量少，可以寻求帮助的人力资源部和行政部人员也不多，再加之忙于企业的人事行政工作，配合度也较为有限。同时，社会工作者向企业管理层游说的能力较为欠缺，工作成熟度不高，即使策划出员工喜闻乐见的活动内容，受到资源限制，也无法实际开设出来。

七、督导点评

由于缺乏相应的服务平台和资源支持，因此在中小企业，尤其是在看重效率和利润的房地产企业开展社会工作实属不易，本案例做了一次非常有益的尝试。社会工作者较好地扮演了服务提供者、支持者、倡导者、资源链接者、关系协调者等角色，敏锐地捕捉到员工提升归属感、凝聚力的需求，依据场域理论和社会支持理论，精心准备了服务计划，通过视频展示、小组游戏、分享讨论、户外活动等多种形式协助组员加强沟通，勇于担当，满足情感需求，获得社会支持。同时，在企业层面，助力企业加强民主管理和制度建设，为员工创造更为有利的发展平台。

本案例还能进一步提升的空间在于：一是更多地将社会工作嵌入企业人力资源管理工作中，在确保服务的公共性和公益性的同时，社会工作者应更加关注企业的需求，了解企业管理的理论和实务知识，在与企业方沟通时要学习企业的思维方式，寻找到社会工作与企业管理的契合点，从企业的角度宣传服务活动的意义，提高企业方对社会工作的认可度和配合程度，从而为企业员工争取到更多的服务机会，推动企业社会工作在本土的有效开展和社会工作者作用的充分发挥。二是社会工作者在服务内容设计中融入更多专业元素，注重支持性小组与教育性小组相结合，考虑新员工、老员工的参与比例，以及不同性别、不同年龄段的员工对小组活动的需求和适应程度，以更好地吸引员工参与。

思考题：

1. 在本次小组工作中，社会工作者通过评估发现了企业员工的哪些服务需求？

2. 员工团队富有凝聚力对于企业来说有什么益处？缺乏凝聚力则对企业有什么损失？

3. 社会工作者可以通过哪些服务提升企业员工的凝聚力？在中小企业开展相关服务存在哪些困难？

参考文献：

［1］前瞻产业研究院．中国房地产行业市场需求预测与投资战略规划分析报告［EB/OL］．https：//bg. qianzhan. com/report/detail/6982ee1184764422. html，2022-06-10/2022-06-10.

［2］常雅慧．对高校班级文化建设的若干思考——基于勒温团体动力理论［J］．吉首大学学报（社会科学版），2017，38（S1）：172-174.

［3］楚艳平，陶泽政．员工应对方式、社会支持与焦虑、抑郁情绪的关系［J］．心理月刊，2021，12（16）：24-25.

［4］郭念伟，原敏，邹刚．企业社会工作：中小企业人力资源管理的催化剂［J］．价值工程，2019，38（23）：57-59.

［5］李美羽，朱艳新，黄红梅．以核心员工为中心构筑企业核心凝聚力［J］．江苏商论，2011（12）：143-145.

［6］李然，刘世峰．企业凝聚力评价研究——以中铁联运公司为例［J］．理论探索，2018（3）：109-113.

［7］马玉娜．整体联动式企业社会工作模式及应用［J］．现代管理科学，2014（2）：115-117.

［8］钱宁．面向新时代的企业社会工作：实践困境与发展思考［J］．西华大学学报（哲学社会科学版），2020（5）：1-8.

［9］唐旭，李阳，赵淼．成都市某药企流水线员工应对方式与心理健康关系的研究［J］．中国医药导报，2020，17（12）：72-75.

［10］童莉．金融危机下企业员工凝聚力的培养［J］．中国商贸，2009（9）：68-69.

新时代企业社会工作的任务与趋势

2017年10月18日，习近平总书记在党的十九大上所作的《决胜全面建成小康社会　夺取新时代中国特色社会主义伟大胜利》的报告宣告了“中国特色社会主义进入了新时代，这是我国发展新的历史方位”。新时代，意味着“我国社会主要矛盾已经转化为人民日益增长的美好生活需要和不平衡不充分的发展之间的矛盾”。新时代，也要求“承前启后、继往开来、在新的历史条件下继续夺取中国特色社会主义伟大胜利”，“决胜全面建成小康社会、进而全面建设社会主义现代化强国”。新时代对企业社会工作必然提出新的要求、新的任务，需要企业社会工作高举中国特色社会主义旗帜，以新的形态、新的方法和新的趋势，迈向新的征程。

毋庸置疑，在新时代新征程中，企业社会工作也面临着企业员工日益增长的美好生活需要与企业社会工作不平衡不充分的发展之间的主要矛盾。这就意味着企业社会工作要围绕这一主要矛盾，完善企业社会工作服务模式，在员工福利服务、员工职业生涯辅导、员工情绪管理、员工素质提升、职业安全与健康、劳动关系协调、企业文化与职工文化、企业困难员工帮扶服务、企业社会责任等重点工作内容上谋求新的创新。

一、企业社会工作服务模式的完善

改革开放后，中国特色社会主义市场经济体系逐步建立，现代企业管理制度不断完善。在借鉴发达国家和地区先进经验的基础上，结合本土企业的特征，我国的企业社会工作取得了一定的成果。但是，由于我国社会工作还处于整体发展阶段，无论是理论积累还是实践经验，抑或人才队伍，都处于较为短缺的状态，相对于企业员工对社会工作的需求，我国企业社会工作的发展具有较大的滞后性。在我们开展企业社会工作的实践过程中，发现无论是企业高级管理者、人力资源部门还是员工本身，大多都缺乏对企业社会工作的基本认知和理解，不但与企业内部开展的社会工作接触较少，还对外部的社会工作有较强的陌生感。

目前，我国的企业社会工作模式主要采取以企业内部工作为主、企业外部工作为辅的模式。在企业内部工作模式中，主要以工会或者人力资源部门为主要的实施方。尽管工会在我国有着良好的传统，组织性较为成熟，人力资源部门也是企业重要的管理部门，两者都在维护员工权益、丰富企业文化与帮扶困难员工等方面做了大量的工作，一定程度上弥补了企业社会工作不足的现状。但是它们始终不是专业的社会工作组织，与企业员工之间存在的组织上、业务上的联系有时候使得社会工作中诸如“服务对象自决”等许多核心原则在工作中得不到体现，也无法与服务对象建立起真正的专业关系。在有些情况下，工会或者人力资源部门还不得不代表资方与员工进行周旋，比如在某些员工起诉企业的劳动纠纷案件中，代表企业应诉的是人力资源部门甚至工会部门。因此，我国目前的企业社会工作模式还需要进行完善。

2013 年，为深入贯彻党的十八大精神，全面落实《关于加强社会工作专业人才队伍建设的意见》和《社会工作专业人才队伍建设中长期规划（2011—2020 年）》等相关文件，民政部下发了《关于开展企业社会工作试点的通知》，决定在有条件的地区和单位开展企业社会工作试点。这次试点以建设队伍、开发岗位、培育机构、开展服务为重点，通过试点，积累经验、探索模式、扩大影响，为制定和完善企业社会工作发展政策提供实践支撑，为在全国范围内广泛深入开展企业社会工作创造条件。通知提出，“积极发展以提供企业社会工作为使命的民办社会工作服务机构，构筑起企业面向社会购买社会工作服务的桥梁和载体”，同时，“以政府购买服务方式为企业社会工作发展提供适当支持，引导督促企业加大资金投入力度，切实为企业社会工作发展提供必要的财力基础”。这标志着我国未来企业社会工作的模式将以“企业面向社会购买社会工作服务为主，政府购买服务方式为企业社会工作发展提供适当支持”为主要方向。

在新时代，社会主义市场经济体制加快完善，企业的发展环境将会进一步改善，同时也面临着更严峻的竞争压力。从国内形势来看，随着供给侧结构性改革继续深化和全面开放新格局的形成，未来的企业发展将以创新驱动、以人才作为企业的核心竞争力。因此，员工的福利、企业的文化、企业的社会责任将会成为吸引人才的重要手段，员工的情绪管理、素质提升、集体参与、闲暇生活服务、劳动关系协调将是维持企业稳定进而加强企业核心竞争力的重要保障。这些工作都需要企业社会工作者的投入和努力，但显然当前的企业社会服务难以担当重任。从国际形势来看，我国面临的国际局势越来越错综复杂，正经历着百年未有之大变局，包括企业管理者和员工在内的所有人都承担着前所未有的竞争压力。因而，加强企业社会工作的专业化、常态化已经势不可当。

在新时代，企业社会工作应当开启专业化团队负责模式，即除了有条件的企业可以在组织内配置专门的社会工作人员，大多数企业还可以定期从外部引入专业的企业社会服务机构进驻企业开展专业的服务工作。这样既可以减轻企业的用人成本负担，又能够通过购买社会服务机构的服务使员工享受到专业的社会工作服务，促进企业与第三方机构的良性联动。

二、改进员工福利方案

员工福利是指员工的非工资性收入[20]。广义上的员工福利包括国家法定福利和企事业单位内部福利。国家法定福利是员工依据国家相关法律、法规规定享有的福利，比如公休日、法定假日、社会保障等；企事业单位内部福利是企事业单位为员工提供的工资收入之外的各种待遇，包括工作津贴、福利设施和福利服务。一般来说，企业除了国家法定福利之外，还必须向员工提供各种单位内部福利，以减少员工工作之外的后顾之忧，留住并吸引各种人才，保证企业的核心竞争力。

目前，我国企业除了落实国家法定的福利之外，也根据企业自身的财力和章程制度为员工举办了各种内部福利。从整体上看，国有企业的福利要好于民营企业，大企业的福利要优于中小企业。此外，地区之间的差距也比较大。东南沿海地区的企业福利要好于中西部地区的企业。这些差距造成了企业员工之间的心理落差与攀比，甚至形成了比较强烈的“相对剥夺感”。即便是在拥有内部福利的企业中，企业福利项目的设计也基本上是由企业高层管理者拍板决定的，是否体现了员工的真实需求也不得而知；人力资源部门在设计员工福利方案时难以确保专业性，在方案实施过程中也较少进行跟踪和评估，一些项目缺乏真正的激励性。部分福利项目只是流于形式，实际在企业根本没有或者很难落实。部分企业将福利视为企业的负担，千方百计地压缩福利支出，甚至连国家法定的福利都没办法得到保障。

在新时代，员工对于美好生活的向往更加强烈。除了工资收入之外，改进员工福利是提高员工生活水平和内心获得感、幸福感、安全感的主要手段。党的二十大报告就“健全覆盖全民、统筹城乡、公平统一、安全规范、可持续的多层次社会保障体系”作出了战略部署。除了落实国家关于法定员工福利的统一要求之外，企业在规划和落实内部福利时也要有创新之举。这为社会工作介入企业员工福利提出了新的要求。尽管相对于企业而言，社会工作者是“第三方”，其身份使其在执行工作时存在一定的困难，但是随着企业对社会工作重要性的认知越来越明晰，与社会服务机构的合作进一步加强，社会工作者能够更加容易地介入企业员工福利设计、管理、服务、评估与改善的全过程。社会工作者在介入过程中可以发挥自己的专业优势：一方面，在设计员工福利方案时秉承“全人”理念，尊重员工独立性和自我价值，重视员工与企业、同事、家庭、社区的关系，从生理、心理和社会的互动视角全面考察员工的福利需求，从而设计出一套既符合企业长期发展，又满足员工真实需求的福利方案；另一方面，在介入过程中可以运用个案、小组和社区等多种专业手法，为员工提供相关的服务，链接资源，维护员工的合法福利权益，促进劳资关系的和谐。

三、提供员工职业生涯辅导

在员工走上工作岗位之后，由于个人、环境以及职业匹配等因素的影响，往往对职业发展的目标、过程、前景缺乏明确的认识，从而会出现职业生涯不明朗、不确定甚至生涯适应不良等问题，迫切需要专业人员提供系统的策略和方案，帮助员工结合自身情况，选择合理的发展目标、方向和过程规划，完成职业匹配，实现自我价值。员工生涯辅导是对员工的职业生涯提供规划、指导、调适等相关服务。

自 1909 年弗兰克・帕森斯发表《选择职业》为职业生涯决策奠定理论基础以来，西方国家的职业生涯辅导在历经百余年的理论和实践发展之后，日趋成熟，也已成为企业社会工作的重点工作领域之一。相比于西方国家，我国的职业生涯辅导无论从理论还是实践的发展上都稍显滞后。目前，我国的职业生涯辅导主要集中在高等教育阶段，即个人在进入职业岗位之前，由高校就业指导部门负责对学生进行未来职业生涯的规划和指导。这种做法虽然有助于高校毕业生在进入工作岗位之前培育一定的职业生涯意识和技能，但是相对于日趋复杂的职业环境和漫长的职业生涯而言，这种培训无异于杯水车薪，而且学校教育与就业市场始终有一定的脱节，因而造成学校里的职业生涯指导明显滞后于市场的发展。现实中，尽管许多企业对新入职员工开展的上岗培训中会有一些职业生涯规划的内容，但是这种辅导带有明显的本位主义，并不利于员工长远的职业生涯发展。社会机构开办的职业生涯辅导多以商业性质的服务为主，与员工个人的实际情况相去甚远。因此，许多员工关于职业生涯发展的困惑长期得不到解答，不仅在短期内容易削弱其积极性，从长期来看，也不利于员工的终身职业进步。

党的二十大报告中指出要“健全终身职业技能培训制度，推动解决结构性就业矛盾”。职业生涯辅导作为职业技能培训的重要内容，需要全社会的参与。相比于其他社会机构而言，社会服务机构在职业生涯辅导方面有着以下独特的优势。第一，社会服务机构举办的职业生涯辅导具有很强的公益性，对于员工个人而言，接受相关的服务无须或者只需要支付极少的成本，相比商业机构收费高昂的职业生涯辅导，无疑社会服务机构的服务更具有吸引力。第二，社会服务机构坚持的“人在情境中”“服务对象自决”“自我实现”等专业原则，有利于员工根据自身的情况，自主选择职业生涯，比起企业人力资源培训所提供的职业生涯规划而言，具有更高的自由度，也更有利于实现自我价值。第三，社会服务机构采用的专业手法，可以因地制宜，针对不同服务对象实施不同的辅导方案。例如，社会服务机构既可以根据员工个体开展个案服务，在对员工职业生涯规划中出现的问题进行评估之后，帮助员工自主进行职业生涯规划和决策；也可以对企业员工的整体开展小组活动，将企业的整体职业规划与个人职业规划有机结合起来，在对企业和员工个人的发展环境进行评估之后，确定企业的整体职业规划与个人职业规划的定位，组织小组活动，一方面帮助员工个人采取职业生涯规划的行动，另一方面也可以促进企业为员工职业生涯发展创造更好的条件，创造企业整体发展与个人职业进步的良好互动。

社会工作在介入员工职业生涯辅导问题时，需要争取全社会的支持。在国家层面，政府可以从职业技能培训专项经费中拿出一部分来购买社会服务，支持社会服务机构开展面向全社会的公益性职业生涯辅导服务，同时也为社会工作者学习和提升职业生涯知识和技能提供资助。在企业层面，管理者应当认识到员工职业生涯指导的重要性，支持社会服务机构入驻企业开展职业生涯辅导工作，并为其提供各种工作便利。在社会服务机构层面，社会工作也是一种职业，社会工作者自身也有职业生涯规划的需要，因此，社会服务机构帮助社会工作者做好职业生涯规划，留住优秀的社会工作人才，壮大社会工作者队伍，使社会工作者“有目标”“有规划”“有奔头”，才能更好地为企业员工提供职业生涯辅导。

四、改善员工情绪管理

人是情绪化动物，喜怒哀乐是常有之事。员工在工作中，难免因为工作环境、工作业绩、职业发展、家庭关系、社会交往等各方面的因素导致情绪出现波动，从而影响工作积极性、工作满意度、自我成就感以及人际关系，损害员工的健康和企业的绩效，严重情况下甚至会危及员工的生命和社会的安全与稳定。因此，员工的情绪管理理应是企业管理的重要环节。

西方国家对于员工情绪管理比较重视，理论和实践的发展非常成熟。我国的企业在学习西方先进的管理经验上取得了一定的成果，但总体上仍有很大的差距。一是我国企业普遍不重视员工的情绪管理。由于我国民众对心理方面的问题向来讳莫如深，认为其是个人的私事，因而通常都是交由员工本人去处理。尤其是对于家庭原因、社会交往等造成的员工情绪问题，更是强行要求员工不能将私人情绪带到工作中，这种消极打压的方式往往使得员工的情绪积压于心，长期得不到释放和排遣。二是企业在员工情绪方面的处理方式“重物质、轻精神”。当员工因为工作绩效、劳动关系等问题出现压力时，企业往往注重物质上的激励，而忽视心理上抚慰。三是企业缺乏处理员工情绪方面的资源。我国企业很少配备心理咨询师、社会工作师等资源，在人力资源管理部门，精通员工情绪管理业务的专门人才比较稀缺，难以在员工情绪管理方面提供相关的服务，而社会上的心理诊所、心理咨询师收费则较为昂贵，造成员工无法寻求合适的求助渠道。

党的二十大报告指出要“重视心理健康和精神卫生”，其中员工的情绪健康问题理应得到重视。早在 2018 年 11 月，国家卫生健康委、中央政法委、中宣部等 10 部门联合印发了《全国社会心理服务体系建设试点工作方案》，其中提出了“健康细胞工程（健康社区、健康学校、健康企业、健康家庭）”，要求“各党政机关和厂矿、企事业单位、新经济组织等通过设立心理健康辅导室或购买服务等形式，为员工提供方便、可及的心理健康服务”。同时，该方案强调了社会工作在“健康细胞工程”中的重要作用，提出“发展心理健康领域社会工作专业队伍。试点地区要探索鼓励和支持社会工作专业人员参与心理健康服务的政策措施，开发心理健康服务相关的社会工作岗位。对社会工作专业人员开展心理学和精神卫生知识的普及教育和培训，提高心理健康领域社会工作专业人员的职业素质和专业水平”。2021 年 3 月，国家卫生健康委、中央政法委等 9 部门还联合印发了《全国社会心理服务体系建设试点 2021 年重点工作任务》，要求完善员工心理健康服务网络。

社会工作在介入企业员工情绪管理方面有着一定的优势。首先，社会工作者具备心理干预和情绪管理的专业知识。社会工作者经过心理学、社会心理学等专业课程的系统培训，在专业实习中积累了一定的心理辅导和情绪辅导的实践经验。兼具理论和实践基础使得社会工作者在介入员工情绪管理方面有一定的专业优势。其次，社会工作者介入企业员工情绪管理具有独立性和公益性。社会工作者独立于企业之外，因而可以摆脱企业与员工之间组织上、业务上、情感上的纠葛，以独立、客观的视角审视企业员工情绪异常产生的原因，并有针对性地提出解决方案。而且它的出发点是帮助员工解决情绪上的困难，帮助企业改善员工管理，所以其工作具有很强的公益性，员工可以省去求助于心理咨询机构所要承担的费用。最后，社会工作的方法多样，可以因地制宜，有针对性地提出解决方案。社会工作者可以利用员工及其家庭的资源，运用专业方法为困难的个人及其家庭提供物质和心理方面的支持，帮助员工正确对待工作中的业绩压力、家庭关系、社会交往中遇到的困难，从而平复情绪，开发生命潜能。社会工作者也可以利用企业的资源，通过小组工作的方法为困难员工开展主题活动，帮助企业改善同事关系、劳资关系和工作环境，帮助企业管理者正确认识员工的情绪管理问题，在企业中营造一种积极向上、互相帮助、互相关怀的工作氛围。社会工作者还可以利用社区和社会的资源，帮助困难的员工更好地适应社会环境，处理好自身与社会之间的互动，以一种良好的精神状态投入工作。

五、提升员工素质

根据中华全国总工会的文件定义，员工素质包括思想道德、科学文化、技术技能、民主法治、健康安全、社会文明六大方面。员工素质是个人在工作中的核心竞争力，也是企业赖以生存和发展的核心要素之一。因而，提升员工素质对于个人和企业的发展都具有至关重要的作用。

在西方的企业管理理论和实践中，提升员工素质是人力资源管理的核心要素之一。在我国，尽管企业对提升员工素质越发重视，投入的资源也很多，但是总体来看，目前企业在员工素质提升方面的投入和成效与个人和企业发展的需求之间仍然存在不小的差距，具体表现在如下。第一，企业在员工素质培训和提升方面具有很强的功利性，其宗旨是实现企业的利润最大化，因此企业提升员工素质注重短期效益，在这方面投入的成本有限。第二，企业在员工素质提升方面缺乏整体观，其主要关注对企业发展直接相关的技术技能素质，忽略其他方面的素质，这使得员工素质提升过于片面，难以得到真正的、整体上的提升。第三，企业在员工素质提升方面没有可持续性，往往集中在入职、调岗、接受新任务等几个关键点，组织培训后也没有及时地进行跟踪与效果评估，实际效果如何不得而知。第四，企业在组织员工素质提升时缺乏针对性，往往是一个公司或者一个部门开展同样的内容，没有根据员工的个性化特征和需求进行设计，内容雷同，对员工缺乏吸引力。

企业的员工素质提升一般由人力资源部门或者工会部门来负责。相比之下，社会服务机构可以与这些部门合作，在员工素质提升方面起到如下辅助作用。第一，社会工作介入具有很强的公益性，可以从长期效益方面为企业员工素质提升设计方案。第二，社会工作的介入具有很强的整体观，可以从“全人”的视角关注员工的全方位素质，尤其是工作技术技能之外的素质。第三，社会工作可以从员工的生命历程的视角，定期为员工提供素质提升服务，并对员工进行效果评估，不断调整方案。第四，社会工作者可以根据员工的个人情况，在调查和了解员工的真实需求的基础上，提供个性化的素质提升方案。这是社会工作最显著的优势之一。

近年来，我国政府越来越重视职工素质的提升。党的十九大报告指出“加快建设学习型社会，大力提高国民素质”。继《全国职工素质建设工程五年规划（2009—2014 年）》《全国职工素质建设工程五年规划（2015—2019 年）》之后，中华全国总工会又制定了《全国职工素质建设工程五年规划（2021—2025 年）》，提出要“造就一支有理想守信念、懂技术会创新、敢担当讲奉献的宏大产业工人队伍”。党的二十大报告亦指出“建设全民终身学习的学习型社会、学习型大国”，重视高素质人才队伍的建设。

企业社会工作在提升员工素质的建设中大有可为。社会服务机构可以与企业人力资源管理部门合作，在充分调查企业和员工需求的基础上，定期入驻企业，采取个案或者小组活动等形式，根据企业发展战略和员工职业规划，开展提升员工科学文化素质、技术技能素质的建设活动；也可以与工会组织合作，提升员工思想道德、民主法治与健康安全卫生等素质；还可以通过 NGO 组织，帮扶在素质提升方面存在困难的员工，为这些员工赋权，协助其提升自我，重新找回自信，实现自我实现和发展。

六、保障职业安全与健康

在工作中，员工经常要面临有毒、有害、污染、危险的工作环境，会对生命和健康造成一定的伤害。根据 1994 年发布的国家标准《职业安全卫生术语》（GB/T15236-1994）和 2008 年发布的修订标准《职业安全卫生术语》（GB/T15236-2008），职业安全卫生指的是“以保障职工在职业活动过程中的安全与健康为目的的工作领域及在法律、技术、设备、组织制度和教育等方面采取的相应措施”[20]。职业安全卫生与员工的生命和健康息息相关。一旦在工作中发生事故或者职业病，将会直接危及员工的职业寿命甚至生命安全，影响员工个人及家庭的生活水平。

世界各国普遍重视保障职工的职业安全与健康，我国也基本建立了比较完善的职业安全与健康法律法规体系。《中华人民共和国劳动法》在总则中明确规定劳动者有“获得劳动安全卫生保护的权利”，且应当“执行劳动安全卫生规程”，并在第六章“劳动安全卫生”中对用人单位的责任、劳动安全卫生设施标准、劳动安全卫生条件和必要的劳动防护用品、特种作业资格、安全操作规程、伤亡事故和职业病统计报告和处理制度等做了详细的规定。2001 年我国颁布了《中华人民共和国职业病防治法》并在 2018 年进行了修订。国家卫生健康委员会根据《中华人民共和国职业病防治法》制定了《国家职业卫生标准管理办法》。根据该管理办法制定了一系列的职业卫生标准。这些法律法规和标准为员工的职业安全与健康提供了较为完整的法律保障。

近年来，我国已稳步实现了安全生产形势持续稳定向好的局面。根据应急管理部（2021）数据，我国生产安全事故死亡人数从历史最高峰的 2002 年死亡近 14 万人，降至 2020 年的 2.71 万人，下降了 80.6%；重特大事故起数从 2001 年最多时一年 140 起下降到 2020 年的 16 起，是历史最好水平，下降 88.6%。但是，我国职工的安全与健康保障形势仍然比较严峻，表现在：一是在实践中，很多企业仍然缺乏职业安全与健康的意识，千方百计地逃避法律责任，不执行相关的安全生产制度，没有为员工配备相应的保护设施。二是员工在受到伤害后得不到相应的补偿，维权之路非常艰辛。三是有关部门的监管仍然缺失，对发生安全事故的企业处罚不够到位，使得企业在职工安全和健康上放松要求，违法违规的行为时有发生。

党的十八大以来，以习近平同志为核心的党中央十分重视安全生产，将保障职工的安全与健康放在重中之重的位置。2015 年，天津港特大爆炸事故发生后，习近平总书记就抢险救援和切实做好安全生产工作作出指示，强调“各级党委和政府要牢固树立安全发展理念，坚持人民利益至上，始终把安全生产放在首要位置，切实维护人民群众生命财产安全”[8]。党的十九大报告中指出要“树立安全发展理念，弘扬生命至上、安全第一的思想，健全公共安全体系，完善安全生产责任制，坚决遏制重特大安全事故”。党的二十大报告中指出“推进安全生产风险专项整治，加强重点行业、重点领域安全监管”。保障职工的生命与健康，除了政府加大监管力度，企业认真执行相关法律、法规、制度、措施和标准之外，还需要全社会的关注和参与，其中社会工作的参与必不可少。职业安全与健康也是社会工作传统的、重要的工作领域之一，社会工作者在其中要承担的角色包括：企业执行保障职工安全与健康相关规定和标准的监督者，员工在安全健康相关事务上的咨询者、教育者，员工健康康复的倡导者和辅助者，员工与企业关系的协调者，员工寻求帮助时的资源链接者以及职工安全与健康相关政策与法律的建议者等。

具体而言，社会工作介入职工安全与健康的重点工作如下。第一，作为社会第三方，监督企业执行国家职工安全与健康方面的法律、法规、制度、措施和标准的情况，在企业发生安全与健康事故时参与事故的救援与调查。第二，与企业开展合作，定期入驻企业对管理层进行安全与健康法规培训和教育，组织员工进行安全与健康的学习与自查，在企业倡导安全、健康的生产和工作环境。第三，对于已经发生安全事故或者健康问题造成身体损害的员工，帮助他们积极链接资源，进行康复治疗，争取合理的补偿。第四，社会工作者可以在总结以往工作的基础上，就如何改善职工安全与健康向有关部门提出相应的意见和建议。

七、协调劳动关系

劳动关系是指劳动者在劳动过程中与企业及其他组织之间形成的雇用、

组织、经济和社会等一系列关系。按照劳动关系研究的开创者约翰·邓洛普的观点，劳动关系是一个独立于政治系统与经济系统之外的独立系统。在人类进入工业社会以后，劳动关系成为最基本也是最重要的社会关系之一。

从全世界范围来看，劳动关系经历了一个从野蛮、对立的自由放任状态向法制化、人性化的和谐状态发展的过程。在资本主义发展初期，资本家将劳动者视为榨取剩余价值的工具，对其进行疯狂的剥削和压榨，劳资关系呈现一种对立、敌视的状态。在工人奋起反抗和国际共产主义运动的推动下，资本家不得不有所收敛，采用提高工人工资、延长休息时间、建立社会保障制度等手段对工人进行安抚，劳动关系出现了一定的缓和。各国政府逐渐制定劳动法规，试图实现劳动关系的正规化、法制化，维护社会的和谐和稳定。第二次世界大战以后，各国的劳动关系的对抗性逐步降低，一种新型的协调型劳动关系正在形成。

我国是工人阶级为领导的、以工农联盟为基础的社会主义国家。平等、和谐的劳动关系是题中应有之义。党和国家历来高度重视构建和谐劳动关系，制定了一系列法律法规和政策措施并作出工作部署。我国颁布了《中华人民共和国劳动法》《中华人民共和国劳动合同法》《中华人民共和国劳动争议调解仲裁法》《中华人民共和国就业促进法》《中华人民共和国工会法》《劳动合同法实施条例》等一系列涉及劳动关系协调的法律法规。2011 年 8 月，习近平总书记在全国构建和谐劳动关系先进表彰暨经验交流会上的讲话中明确提出，要继续大力推进和谐劳动关系创建活动，丰富创建内容，规范创建标准，改进创建评价，完善激励措施，不断把创建活动取得的成果转化为构建和谐劳动关系的长效机制。党的十八大明确提出构建和谐劳动关系。2015 年 3 月 21 日，《中共中央　国务院关于构建和谐劳动关系的意见》发布，提出“建立规范有序、公正合理、互利共赢、和谐稳定的劳动关系”的目标。是年，在庆祝“五一”国际劳动节暨表彰全国劳动模范和先进工作者大会上的讲话中，习近平总书记指出“要最大限度增加和谐因素、最大限度减少不和谐因素，构建和发展和谐劳动关系，促进社会和谐。要依法保障职工基本权益，健全劳动关系协调机制，及时正确处理劳动关系矛盾纠纷”。2019 年 11 月 25 日，人力资源社会保障部召开深化构建和谐劳动关系综合配套改革试点启动会，会议要求，“坚持构建中国特色劳动关系制度体系，坚持问题导向和目标导向，不断提高劳动关系治理效能”。2021 年 8 月 23 日，国务院印发《“十四五”就业促进规划》，要求“深入实施劳动关系‘和谐同行’能力提升三年行动计划，推进构建中国特色和谐劳动关系改革创新”，以此实现劳动关系和谐稳定的目标。

党的二十大报告强调，要“健全劳动法律法规，完善劳动关系协商协调机制，完善劳动者权益保障制度”。为探索建立国家级的劳动关系三方协调机制，从 2001 年起，我国即建立了由劳动和社会保障部、中华全国总工会、中国企业联合会/中国企业家协会三方组成的国家协调劳动关系三方会议制度，旨在加强政府劳动保障行政部门、工会组织和企业组织三方就涉及劳动关系方面的重大问题进行经常性的沟通和协商，共同促进劳动关系长期和谐稳定，保证改革开放的顺利进行和社会经济的持续发展。

在政府、工会、企业、员工和社会的多方努力下，在相关政策和法律法规的保障下，我国劳动关系总体保持和谐稳定。但同时，社会转型时期的多种所有制并存，以及企业和劳动者数量众多，使得劳动关系仍处于矛盾凸显期和多发期，主要是因为：第一，企业本着逐利的原则，对《中华人民共和国劳动法》等法律法规执行不到位，随意拖欠职工特别是农民工工资的事件时有发生，挤占职工正常休息时间而不支付、少支付加班费用，不缴、少缴、欠缴职工的社会保险等法定福利，职工的合法权益经常受到侵害。第二，劳动关系的主体及其利益诉求越来越多元化，而许多企业的管理体制受计划经济的影响，比较僵化，时常发生劳动关系争议。第三，职工维权意识增强，而劳资集体协商机制尚不完善。第四，劳动关系争议具有偶发性、长期性、复杂性和多发性的特点，我国劳动关系仲裁、监督等管理部门人员偏少，而社会协调机制又十分欠缺，导致劳动关系监管和协调工作不到位，劳动争议问题解决难度较大。

作为一支重要的社会力量，社会工作者在协调劳动关系矛盾，构建和谐劳动关系方面大有可为。首先，社会工作秉承“助人自助”等原则，介入劳动关系的协调，帮助处理劳动关系矛盾是其应当承担的责任。其次，社会工作独立于企业和劳动者之外，与双方都没有利益上的纠葛，作为第三方介入劳动关系矛盾的协调相对具有公信力，其提出来的解决方案往往能为双方所接受。最后，社会工作者可以根据具体的劳动关系问题提出个性化的解决方案，并运用个案、小组和社区等多种方法，有助于在实践中更好地促进劳动关系的和谐。

具体而言，社会工作介入劳动关系协调的重点领域包括：一是社会工作者入驻企业，与企业人力资源管理部门和工会开展合作，对企业管理人员和劳动者进行劳动法规的普法教育，在企业营造一种懂法、用法的氛围；二是社会工作者可以介入劳动纠纷之中，分别对企业和劳动者开展工作，促进双方之间的沟通，消除隔阂，达成共识；三是社会工作者可以对处于劳动纠纷中的员工开展个案工作，掌握这些员工的思想动态，及时做好思想引导、压力纾解、心理危机干预等工作；四是为工资被克扣、休息时间被侵占，以及社会保险少缴、欠缴、漏缴等合法权益受到侵害的员工开展服务，帮助他们合法合理地维护自己的权益；五是对企业执行劳动法律法规、保障员工福利待遇的情况进行督导，对于企业违法违规行为进行检举和纠正。

八、帮扶困难职工

企业困难职工是指因为生理、能力、事故、心理等各种因素陷入生活困境的职工。企业对困难职工有帮扶的义务，工会也应该发挥相关职责，组织员工对困难职工进行互助帮扶。

党和国家历来都非常重视对企业困难职工的帮扶工作，传统上一般通过工会来组织和实施。2002 年 1 月，天津成立了第一家困难职工帮扶中心。此后，全国各地掀起了建立困难职工帮扶中心的热潮。党的十八大以来，以习近平同志为核心的党中央心系困难群众，高度重视困难职工的帮扶工作。2012 年，中华全国总工会制定了《关于进一步加强企业工会帮扶工作的指导意见》和《工会帮扶工作发展规划（2012—2015 年）》，确定了“帮扶工作网络体系进一步健全、帮扶工作平台建设和制度进一步完善、帮扶工作水平进一步提高”的发展目标，中央财政为此还专门下拨专项资金用于支持各地的困难职工帮扶中心。一个以困难职工帮扶中心为主要载体，以困难职工和农民工为主要对象的“全面覆盖、分级负责、上下联动、区域协作”的全国性帮扶工作网络体系开始构建。2018 年 10 月 29 日，习近平总书记在同中华全国总工会新一届领导班子成员集体谈话并发表重要讲话中强调“要做好城市困难职工解困脱困工作，及时做好因各种原因返贫致困职工的帮扶救助，为广大职工提供具有工会特点的普惠性、常态性、精准性服务”。2022 年 8 月，中华全国总工会、民政部联合下发《关于进一步加强工会组织与民政部门困难职工家庭数据比对和信息共享、政策衔接、机制协同工作的通知》，要求各级工会与民政部门加强工会帮扶与社会救助有效衔接，推进困难群体帮扶救助工作协同，提升工会与民政组织帮扶救助专业能力，进一步形成兜底保障困难职工基本生活的工作合力[10]。同时，全国总工会就 2022 年度中央财政专项帮扶资金分配下拨和使用有关事项发出通知，拨付 5.64 亿元中央财政专项帮扶资金，用于保障困难职工基本生活。进一步加强工会组织与民政部门困难职工家庭数据比对和信息共享、政策衔接、机制协同工作，提升工会与民政组织帮扶救助专业能力。

从广义上说，工会帮扶企业困难职工也是社会工作的范畴。专业的企业社会工作也可以积极介入困难职工的帮扶活动。第一，社会工作者与工会开展合作，一方面，对工会人员进行培训，使其学习专业的社会工作知识和技巧，能够更好地为困难职工服务；另一方面作为社会机构参与困难职工帮扶平台的建设工作，在链接资源方面协助工会进一步扩展职业培训机构、爱心超市、爱心医院等平台，形成工会帮扶工作社会化格局。第二，专业社会工作者可以直接为困难职工提供服务，在深入了解困难职工的个性化需求，为其提供物质、技能、心理等方面的支持，为其赋权，帮助其增强自身的能力，在走出困境的同时，开展法律援助活动，帮助困难职工维护养老、医疗、救助等方面合法合理的权益。第三，围绕困难职工救助提供政策建议，积极参与涉及职工切身利益的社会救助、就业、医疗、教育、养老、住房等热点难点问题的调研和政策制定，努力把职工群众的意愿和要求反映到政府相关政策中。

九、服务农民工

农民工又称“进城务工人员”，是指本县（市）境内，户籍地在乡村，进入城区从事非农产业劳动6个月及以上，常住地在城区，以非农业收入为主要收入的劳动者；或外县（市）进入本县（市）城区从事非农产业劳动6个月及以上，常住地在城区，以非农业收入为主要收入的劳动者[19]。国家统计局《中华人民共和国2021年国民经济和社会发展统计公报》数据显示，全国农民工总量29251万人，比上年增长2.4%。其中，外出农民工17172万人，同比增长1.3%；本地农民工12079万人，同比增长4.1%。

农民工是我国改革开放以来经济和社会转型过程中产生的特殊群体。他们离开农村，靠自己的劳动参与城市的建设，为我国的经济和社会发展，推动城镇化进程作出了巨大的贡献。党和国家一直非常重视农民工的生存与生活状况，逐步解除农民工进城的各种限制，积极保护农民工在城市的各项合法权益。2003年，《国务院办公厅关于做好农民工进城务工就业管理和服务工作的通知》，提出了有关农民工进城务工相关服务工作的六项要求。国家各部委也陆续发布了一系列有关农民工就业、工资支付、培训、子女入学、城镇落户、社会保障、公共服务等方面的政策和法规。

党的十八大以来，习近平总书记鲜明提出以人民为中心的发展思想，就保障和改善民生特别是做好农民工工作作出一系列重要指示。2013年2月3日，习近平总书记亲自到甘肃省东乡族自治县察看县城滑坡灾后重建现场，对正在施工的农民工表示，全社会都要关心关爱农民工，坚决杜绝拖欠、克扣农民工工资现象，切实保障农民工合法权益。党的十九大报告强调促进农民多渠道就业创业。2019年12月4日国务院第73次常务会议通过了《保障农民工工资支付条例》，并于2020年5月1日起正式实施，以确保农民工的生存、生活和工作环境得到进一步的改善。2020年7月29日，李克强总理在国务院常务会议上指出，“各级政府必须高度重视农民工就业形势的严峻性，加大力度落实就业优先政策，出台灵活就业支持政策，要对农民工和城镇居民一视同仁，助力保就业保民生。”党的二十大报告亦强调要“统筹城乡就业政策体系，破除妨碍劳动力、人才流动的体制和政策弊端”。

由于我国还处在转型时期，城乡二元制结构还没有得到根本的改变，农民工的身份问题一直得不到妥善的解决，他们收入不高，工作不稳定，患病、失业的风险很大，长期享受不到基本的社会保障和城市的公共服务。因此，维护农民工的合法权益，提高农民工的生活福祉需要全社会的关心、关爱和参与。

服务农民工是企业社会工作的一项重要职责。首先，社会工作的使命是秉持助人自助的原则，帮助和服务于那些需要帮助的困难群体。而农民工在城市中长期处于弱势地位，其权益得不到很好的保障，因而成为社会工作天然的服务对象。其次，社会服务机构是农民工的主要求助渠道。农民工在城市中数量庞大，分散在各个行业，他们难以组成工会，缺乏维护自身利益的资源和力量，经常处于一种求助无门的境地，只能求助于社会服务机构这种公益性的组织。最后，社会工作组织是农民工培训和发展的重要渠道。为提高农民工的文化水平和就业能力，党和政府高度重视其培训工作，且这种培训工作是一种公益性活动，无法交给商业培训机构来运作，只能由公益性组织来运行，其中社会服务机构是重要的参与者。社会服务机构通过组织农民工的培训，为农民工赋权，提高他们的发展能力，帮助他们更好地融入城市生活中。

新时代企业社会工作要服务好农民工，重点工作应包括：一是参与维护农民工的合法权益，包括帮助农民工取得合法的工资和社会保障权益，解决劳资纠纷，帮助农民工解决在城市和家乡的生活困难。二是为农民工提供技能培训，提高农民工的就业能力。三是帮助农民工解决精神生活方面的困难，为他们提供心理健康咨询，营造农民工文化。四是帮助农民工适应城镇新的生活方式，融入城市社区。五是帮助农民工解决子女的入学问题，免除农民工的后顾之忧。

十、企业社会工作发展的前景

社会工作专业人才是构建社会主义和谐社会、加强和创新社会管理不可或缺的重要力量。自党的十六届六中全会作出建设宏大社会工作人才队伍的决策部署以来，尤其是党的十七大之后，我国社会工作专业人才制度建设稳步推进。2012 年，民政部出台了《社会工作专业人才队伍建设中长期规划（2011—2020 年）》，确定了“到 2020 年，我国一线社会工作专业人才总量增加到 145 万人，其中中级社会工作专业人才达到 20 万人、高级社会工作专业人才达到 3 万人”的发展目标。2021 年，民政部发布了《“十四五”社会组织发展规划》，要求“推动社会组织开发社会工作专业岗位，加大社会工作专业人才培养使用力度，鼓励有条件的社会组织优先聘用持有社会工作者职业资格证书人员”。随着上述规划的落实，新时代的社会工作人才规模将会进一步壮大，相应的社会服务质量也会上一个新台阶。

党的二十大报告中指出“培养造就大批德才兼备的高素质人才，是国家和民族长远发展大计”。人才是社会工作发展的关键动力，企业社会工作是现代社会工作事业的重要组成部分。随着民政部关于企业社会工作试点范围的扩大，越来越多的企业社会工作从业人员和企业内部管理人员参加全国社会工作者职业水平考试，持证企业社会工作专业人才比例不断提升，从事企业社会工作的专业人才越来越多，且专业素质越来越高，无疑能够在相关领域为服务对象提供更好的服务。

新时代经济社会环境越来越有利于企业社会工作的发展。在新时代，我国的经济社会将开启“双循环”的发展新模式，现代企业管理制度会进一步完善，为企业社会工作的开展创造了更有利的环境。同时，我国的工业化、城镇化将会进一步深入发展，企业员工的社会服务需求更加多样化、复杂化，对企业社会工作提出了更高的要求，企业社会工作将面临前所未有的发展机遇与挑战。

党和政府的支持是企业社会工作发展的强劲动力。新时代，党和政府更加重视企业社会工作在促进企业发展和劳动关系、维护社会稳定和改善社会治理方面的重要作用。民政部门有条不紊地推动企业社会工作的试点工作，未来将会加大对企业社会工作政策、资金、人才方面的支持，如采用政府采购的方式解决企业社会工作的资金匮乏问题，从而促进企业社会工作更好地服务于企业，推进企业社会服务机构良性发展。

我们坚信，在以习近平同志为核心的党中央的领导下，我国企业社会工作的前景将越来越光明，在经济社会发展中将发挥越来越重要的作用。

参考文献：

[1] 习近平．高举中国特色社会主义伟大旗帜　为全面建设社会主义现代化国家而团结奋斗——在中国共产党第二十次全国代表大会上的报告［EB/OL］．https：//www. 12371. cn/2022/10/25/ARTI1666705047474465. shtml，2022-10-16/2022-11-11.

[2] 习近平．决胜全面建成小康社会　夺取新时代中国特色社会主义伟大胜利——在中国共产党第十九次全国代表大会上的报告［EB/OL］．https：//www. 12371. cn/2017/10/27/ARTI1509103656574313. shtml，2017-10-27/2022-09-20.

[3] 工人日报．促进企业发展　维护职工权益　推动构建和谐劳动关系［EB/OL］．http：//www. workercn. cn/242/201505/20/150520073109249. shtml，2015-05-20/2022-09-20.

[4] 人社部．人社部召开深化构建和谐劳动关系综合配套改革试点启动会［EB/OL］．http：//www. gov. cn/xinwen/2019-11/25/content_ 5455489. htm，2019-11-25/2022-10-31.

[5] 国家统计局．中华人民共和国 2021 年国民经济和社会发展统计公报［EB/OL］．http：//www. stats. gov. cn/xxgk/sjfb/zxfb2020/202202/t20220228 _ 1827971. html，2022-02-28/2022-11-11.

[6] 国家卫生健康委，中央政法委，中宣部，等．关于印发全国社会心理服务体系建设试点工作方案的通知［EB/OL］．http：//www. nhc. gov. cn/jkj/s5888/201812/f305fa5ec979 4621882b8bebf1090ad9. shtm，2018 - 12 - 04/2022-09-20.

[7] 国务院．关于印发“十四五”就业促进规划的通知［EB/OL］．https：//www. acftu. org/wjzl/wjzlzcwj/gjygwj/202109/t20210902 _ 785493. html?7OkeOa4k = qAq7qGceBMCeBMCeBpCsVBPrgTdb36ajaRnYGG4zD47qqiMQh1PlqAqqBA，2021-09-02/2022-10-31.

[8] 人民日报．习近平就切实做好安全生产工作作出重要指示：要求各级党委和政府牢固树立安全发展理念　坚决遏制重特大安全生产事故发生［EB/OL］．http：//cpc. people. com. cn/n/2015/0816/c64094 - 27468127. html，2015-08-16/2022-09-20.

[9] 新华社．习近平出席全国构建和谐劳动关系先进表彰会并讲话［EB/OL］．http：//www. gov. cn/ldhd/2011 - 08/16/content _ 1926777. htm，2011-08-16/2022-09-20.

[10] 央广网．全总、民政部发文：探索搭建困难职工需求与救助资源信息对接平台［EB/OL］．https：//mi. mbd. baidu. com/r/POYIslyfcs？f = cp&u = be8d77a976c9130e，2022-08-04/2022-11-12.

[11] 中国新闻网．习近平：关心关爱农民工［EB/OL］．http：//www. chinanews. com/gn/2013/02-03/4544010. shtml，2013-02-03/2022-09-20.

[12] 中国政府网．李克强：灵活就业支持政策要对农民工和城镇居民一视同仁［EB/OL］．http：//www. gov. cn/premier/2020 - 07/31/content _ 5531307. htm，2020-07-31/2022-10-31.

[13] 中华全国总工会．全国总工会和民政部对做好困难职工帮扶工作做出部署［EB/OL］．https：//m. acftu. org/xwdt/ghyw/202208/t20220805 _ 813286. html？7Oke　Oa4k = qAc. kaqeHs0eHs0eH1NJGTG0 _ H. ZKfUEOQxCNY2VaOLqqJQvjCXlqAqqHA，2022-08-05/2022-11-12.

[14] 中华全国总工会办公厅．关于印发《全国职工素质建设工程五年规划（2021—2025 年）》的通知［EB/OL］．http：//zgjy. sdgh. org. cn/index. php？c = show&id = 15124&s = news，2021-05-11/2022-09-20.

[15] 中华人民共和国民政部．关于印发《“十四五”社会组织发展规划》的通知［EB/OL］．https：//xxgk. mca. gov. cn：8445/gdnps/pc/content. jsp？mtype = 1&id = 15126，2021-10-08/2022-10-31.

[16] 中华人民共和国民政部．社会工作专业人才队伍建设中长期规划（2011—2020 年）［EB/OL］．https：//www. mca. gov. cn/article/gk/ghjh/201204/20120415302325. shtml，2012-04-26/2022-09-20.

[17] 中华人民共和国应急管理部．在国新办举行贯彻落实《安全生产

法》推动安全发展发布会［EB/OL］. https：//www.mem.gov.cn/xw/xwfbh/2021n5y18rxwfbh_4155/wzsl_4101/202106/t20210611_388319.shtml，2021-06-11/2022-11-12.

［18］中华人民共和国中央人民政府．民政部关于开展企业社会工作试点的通知［EB/OL］. http：//www.gov.cn/zwgk/2013-04/26/content_2390960.htm，2013-04-26/2022-09-20.

［19］银平均．新生代农民工的教育培训：人力资本发展与政策体系建构［M］．北京：社会科学文献出版社，2019.

［20］张默．企业社会工作［M］．北京：社会科学文献出版社，2014.